GUÉRISONS

EXPÉRIMENTÉES

Des vers, même du solitaire, par le *Spigelia*, surnommé *Anthelmia*, l'Œillet d'Inde, le *Semen contra*, la Cévadille, la Coralline *Lemitocherton*, et autres plantes ; de la pierre, de la gravelle et de la colique néphrétique, par l'Acmelle ; la Doradille, la Busserolle, le Cresson de roche, et autres plantes ; des dartres et maladies de la peau, par la Douce-Amère, l'Orme pyramidal ; du cancer, du charbon et de la gangrène, par l'Illecebra ; des ulcères, par les Carottes, et de l'épanchement du lait, par la Bruyère. On y a a joint une Liste d'Espèces théiformes propres à guérir plusieurs maladies.

Par J. P. BUC'HOZ, Médecin-Naturaliste.

A PARIS,

Chez la Dame BUC'HOZ, épouse de l'Auteur, rue de l'École de Médecine, n° 30.

AN XIII. — 1805.

À L'HUMANITÉ SOUFFRANTE,

Et aux moyens de remédier à ses maladies, par le seul usage des végétaux.

Liste des maladies dont on a publié la cure dans deux Opuscules, dont l'un a pour titre : *Méthode de les traiter*, etc., et l'autre : *Du traitement efficace*, etc., dont cet Opuscule est la suite.

1°. La phtysie pulmonaire.
2°. L'asthme.
3°. La descente de matrice.
4°. L'incontinence d'urine.
5°. Les plaies, blessures et ulcères.
6°. Les convulsions et affections vaporeuses.
7°. Le scorbut.
8°. Les maladies vénériennes.
9°. La rage.
10°. La manie.
11°. Les hémorrhagies et chutes.
12°. L'hydropisie.
13°. La gale.
14°. Les açores et croûtes laiteuses.

AVIS.

CET Opuscule est le dixième de ceux que nous avons publié sur les végétaux, et le troisième de ceux qu'on peut employer efficacement dans la médecine; le premier, concernant les maladies, a pour titre: *Méthode pour traiter les différentes maladies, même les plus rebelles, telles que la phtysie pulmonaire, par l'usage des fumigations humides et végétales; l'asthme, même le plus invétéré, par infusion expérimentée des plantes: les maladies de matrice, par les fumigations sèches; l'incontinence d'urine, par une tisane astringente; les plaies, ulcères et blessures, par une eau vulnéraire très-simple, sans être compliquée.* Le second est intitulé: *Traitement efficace des convulsions et affections vaporeuses, par la décoction et la poudre de feuilles d'oranger; du scorbut et autres maladies de pareille nature, par les bourgeons de sapins et de pins, l'eau de goudron et le trefle aquatique; des maladies vénériennes, par différentes espèces de végétaux; de la rage, par le vinaigre ordinaire; et de la manie, par le vinaigre distillé: des hémorrhagies et des chutes, par l'arnica, l'herbe à Robert ou le géranium à squinancie; de l'hydropisie, par une clairette purgative; de la gale, par la dentelaire; et des acores et croûtes laiteuses, par la violette-pensée.* Ce troisième Opuscule, qui fait la suite des deux autres, n'est pas moins intéressant; il nous apprend la manière d'expulser du corps humain les vers, même le solitaire, par le spigelia anthelmia, l'œillet d'Inde, le *semen contra*, la cévadille, la coralline *lemitocherton* et autres plantes; de guérir de la pierre, de la gravelle et de la colique néphrétique, par l'acmelle, la doradille, la busserole, le cresson de roche, etc.; des dartres et maladies de la peau, par la douce-amère, l'orme pyramidal; du cancer, du charbon et de la gangrène, par l'illecebra ; des ulcères, par les carottes, et de l'épanchement du lait par la bruyère. Cet Opuscule sera suivi incessamment d'un quatrième, qui sera encore plus intéressant, et qui traitera de la manière de rendre fécondes les femmes stériles, de guérir lapleurésie, les skirres et l'hydropisie, les spasmes, la goutte et les rhumatismes, les fièvres hectiques et mésentériques, la jaunisse, etc.

En offrant à mes compatriotes ces Opuscules, je leur présente dans les plantes les remèdes les plus efficaces à leurs maladies, bien différens des préparations chymiques, qui souvent sont très-préjudiciables à notre constitution : c'est dans les végétaux que réside la vraie médecine, qui est trop négligée pour le malheur de l'humanité. J'espère donc que nos compatriotes voudront bien nous savoir gré des présens que nous leur faisons par nos Opuscules, et que les Rédacteurs d'ouvrages périodiques voudront pareillement en répandre la connaissance par toute la terre ; en nous rendant par-là le service le plus insigne, ils n'obligeront pas moins ceux pour lesquels nous avons toujours travaillé jusqu'à présent : c'est pour eux que nous nous sommes sacrifiés, et que nous continuerons jusqu'à la fin de notre carrière.

LETTRE

SUR LE SPIGELIA,

Surnommé ANTHELMIA,

Et sur ses propriétés vermifuges.

UNE plante qui mérite d'être admise dans la classe des médicamens nouveaux, est, Monsieur, le Spigelia ; c'est celle que j'ai choisie ici pour vous en entretenir ; elle est un vrai spécifique contre les vers.

Vous n'ignorez pas à combien de maladies nous sommes exposés par l'existence de ces petits animaux dans nos intestins ; ils donnent souvent la mort à ceux dont ils tirent la nourriture. Je laisse à des physiciens plus habiles que moi, l'explication de la génération des vers dans le corps humain ; cependant je suis persuadé qu'ils se reproduisent de la même manière que font les autres animaux, et qu'ils ne proviennent pas des œufs des mouches, qui sont des insectes totalement différens des vers. Ils ne sont pas non plus engendrés par des substances douces, celles-ci ne leur servent que de nourriture : ce ne sont que des anciens philosophes, peu versés dans les secrets de la nature, qui ont osé avancer que les insectes devaient leur naissance à la putréfaction, et les vers aux choses doucereuses. Les vers ne sont pas des insectes, ni même des laves d'insectes ; mais ce sont des animaux tout-à-fait distincts, qui se multiplient par le même mécanisme que tous les autres animaux qui habitent la surface de ce globe. Il est probable qu'ils parviennent à notre estomac et à nos intestins par le moyen de l'eau que nous

A

buvons, ou des alimens que nous prenons, surtout lorsqu'ils sont encore petits, et ils prennent insensiblement de l'accroissement quand ils y trouvent une nourriture homogène.

Il y a dans les différentes parties du corps humain différentes espèces de vers qui s'y nourrissent; les plus communs sont les ascarides; ils sont très-petits, et fixent ordinairement leur séjour dans les gros intestins. On en trouve de la même espèce dans les endroits marécageux.

Les lombrics se plaisent aussi dans nos intestins, ils sont du même genre et de la même espèce que ceux qu'on trouve dans la terre; quoique les lombrics des intestins paraissent plus blancs que les vers de terre, et que leurs anneaux ne soient pas aussi apparens, ce qui a induit quelques naturalistes dans l'erreur, en pensant qu'ils étaient par cette raison totalement distincts des vers terrestres; mais ils ont les uns et les autres environ cent incisures, et une espèce de pointe renversée aux trois côtés de chaque incisure ou anneau.

Le ver qu'on nomme *solitaire*, et qui occupe tout le tube intestinal, reçoit tous les jours de nouveaux accroissemens, ensorte qu'il parvient à la longue à acquérir une grandeur qui paraît surprenante. On a cru avoir remarqué dans ce vers une espèce de tête, mais en l'examinant on est convaincu du contraire. Il y a encore une autre espèce de vers qui s'engendre, ou plutôt qui se nourrit dans le corps humain, auquel on a donné le nom d'ascaride-lombricoïde, parce qu'il a la grandeur des lombrics et la forme de l'ascaride. Les enfans, surtout ceux qui sont délicats et qui ont une espèce de faim canine, sont sujets aux vers; on en est d'autant plus sûr, que leur mouvement perpétuel le dénote. Les adultes y sont moins sujets, surtout ceux qui mènent une vie laborieuse, et qui font souvent usage du vin, d'ail, d'alimens âcres et de digestion difficile. Le vin est sans contredit le plus grand ennemi des vers; qu'on en verse sur

la terre où ils ont leur retraite, aussitôt on les en
voit sortir et abandonner le lieu qu'on a humecté.
Les Russes et les Turcs, tant les adultes que les
enfans, n'ont jamais de fièvres vermineuses, par
rapport aux ails dont ils font leur régal. On a cru
anciennement que le sucre favorisait la génération
des vers; cependant on a des preuves du contraire,
puisqu'un peu de sucre pulvérisé jeté sur un ver
le fait mourir aussitôt. On remarque que les vers
de terre sont plus agiles, et paraissent davantage
dans les temps de pluie, d'orage et dans l'arrière-
saison; les vers du corps humain se font aussi plus
ressentir dans ces temps. On prétend, mais je ne
vous l'assure pas, Monsieur, que dans les pleines-
lunes et dans les nouvelles, les enfans qui ont des
vers ont pour lors des paroxismes plus violens : si
cela est, la raison n'en est pas aisée à donner. Les
ascarides qui sont en un mouvement continuel, et
qui percent les membranes des gros intestins, surtout le rectum, ne peuvent le faire sans y occa-
sionner de vives douleurs. Les lombrics, par leurs
petites pointes recourbées, allant continuellement de
haut en bas, et *vice versâ*, dans le canal intestinal,
y occasionnent aussi des picotemens ; ils en la-
cèrent les membranes qui sont si délicates, ils
percent même les intestins. Le ver solitaire dévore
la plupart des alimens que nous prenons, et par
ses pointes qui sortent de chacune de ses articulations, il chatouille vivement, pique et racle en
quelque façon la tunique intérieure des intestins;
d'où s'ensuivent les plus terribles symptômes. C'est
par toutes ces causes, que les vers donnent lieu
à une infinité de maladies ; non-seulement ils occasionnent des tranchées, des convulsions, l'épilepsie, la faim canine, la folie, la diarrhée, mais
encore la passion hystérique, la cardialgie, l'hypo-
condriacie, les fièvres et quantité d'autres affections. Ainsi, quoique les vers ne soient pas proprement dits une maladie, on peut dire qu'ils en
sont souvent les causes. On ne s'apperçoit jamais

2

mieux de l'existence des vers que lorsqu'on est à
jeun ; ces animaux ne trouvant aucune nourriture ,
par leur agitation donnent lieu à des symptômes
les plus frappans, qu'on voit diminuer insensiblement lorsque les personnes affectées prennent des
alimens. C'est par cette raison que les médecins ,
lorsqu'ils prescrivent aux malades des vermifuges ,
ont grand soin de les leur prescrire à l'heure ac-
coutumée pour leurs repas ; ils leur interdisent pour
lors les alimens, et ils enveloppent ces vermifuges
dans du lait, afin de mieux attirer au piége ces
animaux voraces. La multitude des maladies auxquelles les vers ont donné lieu , ont porté les médecins à s'appliquer avec plus de soin à connaître
des remèdes capables de les détruire ; et malgré
la quantité dont ils ont enrichi la matière médicale , ils n'en ont trouvé aucun de vraiment efficace.

Ils ont employé parmi les végétaux les amers ,
tels que la semence de contrevers , dont nous
parlerons ci-après ; celle de tanaisie , son sirop et
sa conserve , l'huile d'aurone , le chardon bénit ,
la petite centaurée , la gentiane , les amandes
amères , la myrrhe , la serpentaire de Virginie ,
la racine d'aristoloche, celle de dictame blanc , l'absynthe , la menyanthe. Ces remèdes , suivant Boerhaave , agissent plutôt en fortifiant et donnant
des forces aux intestins , qu'en tuant les vers ; le
fiel de taureau épaissi est aussi un amer contre
ce vers fort vanté.

Les purgatifs n'expulsent pas seulement les vers ,
mais aussi ils les assomment ; la rhubarbe, l'aloës,
la gratiole, les semences de nielle, les feuilles d'ellébore, l'huile cuite d'yèble , la poudre de colo-
quinte avec le fiel de bœuf et l'huile d'absynthe ,
la poudre de cornachine à la dose de deux scrupules , font très-bien dans ces cas.

On recommande aussi comme vermifuges les
médicamens qui ont une odeur puante , tels que
l'ail , le scordium , l'assa-fœtida, la rhue , le cas-

toreum, le galbanum, le camphre, la liqueur de corne-de-cerf, l'écorce de citron, la semence du *chenopodium anthelmenticum*, prise à la dose d'une once, et celle de scrophulaire à la dose d'un gros.

Le règne minéral n'est pas moins fécond en vermifuges; les cendres calcinées d'étain d'Angleterre, le mercure cuit avec l'eau et le vin, le mercure doux, l'éthiops minéral, le plomb éteint huit fois dans l'eau de pourpier, la limaille de fer, le vitriol de mars, à la dose de huit grains; l'eau martiale, la saumure liquide des viandes salées, à la dose d'une ou deux cuillerées; la coraline pulvérisée, la corne-de-cerf brûlée, le sel de sedlitz, sont autant de remèdes que la médecine a employés pour détruire cette dangereuse famille.

Si on cherche dans les auteurs, combien de spécifiques n'y trouve-t-on point? Tous ces spécifiques, malgré les précautions qu'on prend pour les donner à jeun, en les associant avec des purgatifs et des cordiaux, deviennent souvent inefficaces, les vers se retirent dans les plis et les anfractuosités des intestins; et quand les remèdes, à force de détours, parviennent à ces endroits, ils n'ont presque plus de vertu.

Brown nous indique, Monsieur, dans son *Histoire de la Jamaïque*, un remède plus sûr que tous ceux-là; on en a fait plusieurs fois l'expérience, et jamais elle n'a manqué; c'est une plante qu'on cultive, à cause de ses vertus, dans tous les jardins de la Jamaïque; il serait nécessaire qu'on puisse la trouver dans nos pharmacies. Linné dit l'avoir cultivée dans le jardin d'Upsal; elle demande une terre grasse, et tant de soin de la part du cultivateur, qu'il serait plus aisé et plus sûr de la tirer, pour nos pharmacies, de la Jamaïque même, ou des îles de Saint-Domingue, de la Martinique, de la Cayenne et du Brésil, où elle croît naturellement; elle se nomme *Spigelia anthelmia*, *Linn.*, nom qui a rapport aux vertus de cette plante.

Pour mieux vous la faire connaître, je vais, Monsieur, vous la décrire d'après Linné. Sa racine est fibreuse, traçante, petite, annuelle ; sa tige est herbacée, droite, branchue, palmée, cylindrique, glabre, supérieurement un peu plus épaisse ; ses feuilles inférieures sont opposées deux à deux, prennent naissance des lobes de la plante ; elles sont lancéolées, obtuses, lisses, subpétiolées, elles se flétrissent pour l'ordinaire ; ses feuilles intermédiaires sont aussi opposées deux à deux au second nœud de la tige ; elles sont ovales, lancéolées, subpétiolées, très-entières, ayant des nervures alternes, lisses et qui sont plus grandes que les inférieures ; les supérieures sont rangées au nombre de quatre, en forme de croix ; elles sont sessiles, ouvertes, ovales, oblongues, très-entières, pareillement lisses, se terminant insensiblement en pointe, ayant supérieurement des nervures. Les deux intérieures opposées de ces feuilles sont plus grandes que les intermédiaires. Les rameaux opposés de cette plante naissent des aisselles inférieures et intermédiaires, sont solitaires, n'ayant qu'une seule articulation de la longueur de la tige, sans nœuds, s'étendent et sont terminés, comme les tiges, par quatre feuilles et par la fructification. Les fleurs de cette plante sont rangées en forme d'épi, au haut de la tige ; l'épi est court et simple, les fleurs en sont droites, sessiles, accompagnées de feuilles florales ; leur calice est un périanthe divisé en cinq, linéaire, droit, trois fois plus grand que la corolle ; celle-ci est monopétale, en forme d'entonnoir, blanche, ayant un lymbe très-court, fendu en cinq, ouvert, dont les lobes sont ovales, les intérieures ayant trois stries pourpres ; la corolle ne s'ouvre pas, dit Linné, dans la Suède ; ses étamines sont au nombre de cinq, formées par des filamens capillaires insérés dans le tube, et plus courts que ce dernier, surmontés d'anthères droites, oblongues et jaunes ; le pystil est un embryon composé de deux globes, d'un style simple en forme de

filet , de la longueur du tube , et d'un stigmate
pareillement simple; le péricarpe du fruit est formé
par deux capsules globuleuses rassemblées entr'elles,
et à quatre battans, renfermant une quantité de
semences petites et obrondes ; cette plante est de la
classe de la pentandrie monogynie de Linné ; elle
vient naturellement dans toutes les parties de l'Amé-
rique méridionale; c'est un excellent vermifuge ; les
nègres et les Indiens sont les premiers qui ont
découvert ses vertus. Brown rapporte avoir vu
et expérimenté l'effet de cette plante , si souvent
et avec tant d'efficacité, qu'il croit être obligé de
dire , que parmi les drogues simples , on aurait
de la peine à trouver un médicament qui puisse
la remplacer.

Voici, Monsieur, comme on la prescrit. Prenez
deux poignées de cette herbe, soit fraîche, soit sèche,
cela est indifférent ; faites-les cuire dans deux livres
d'eau , jusqu'à la réduction de moitié; ajoutez à
la colature un peu de sucre ou de jus de limon ;
cette décoction , quoiqu'on la clarifie et qu'on l'édul-
core, n'en est pas moins efficace, ainsi on pourra
y associer du sirop. On donne une livre de ce
remède aux adultes, une heure avant le coucher,
ce qu'on diminue, quant à la dose, proportion-
nellement à la délicatesse et à la jeunesse du sujet; on répétera ce remède chaque vingt-quatre
heures, pendant deux ou trois jours ; mais si la
dose en est trop forte, et si on craint que l'effet
ne soit trop violent, on en donnera environ quatre
onces pour la première fois, à un adulte, et deux
ou trois autres onces ou environ, de six heures
en six heures, ce qu'on continuera pendant l'espace de trente-six ou de quarante-huit heures; cela
équivaudra à deux doses, telles qu'on les donne
ordinairement. Après l'effet de ce remède , on
prescrira un purgatif léger, tel qu'une infusion
de séné et de rhubarbe avec la manne. Ce remède
procurera un sommeil à-peu-près pareil à celui
qu'on a quand on a pris de l'opium ; mais après le

4

réveil, les yeux du malade sont distendus, brillans et étincelans, comme ils ont coutume d'être avant l'éruption de la petite-vérole. On n'en a pas plutôt pris une première dose, que le pouls devient plus régulier, la fièvre tombe, les convulsions, s'il y en a, diminuent, et la violence de tous les symptômes s'adoucit ; le malade jette des vers en quantité, si ce n'est pas avant le purgatif, du moins après; on a vu même des malades qui en ont jeté jusqu'à cent à-la-fois ; quand on n'en rend qu'une petite quantité et que ces vers se trouvent encore en vie, il faut pour lors réitérer la dose, et on est sûr de la réussite.

Le professeur Bergius parle avec éloge du Spigelia, et M. d'Ahliberg vante aussi beaucoup cette plante; il fait mention d'une femme fortement tourmentée de vers, qui en fut délivrée de seize, en faisant usage du Spigelia avec des purgatifs; il donne cette plante en poudre, à la dose de vingt grains, trois fois par jour, et en infusion, jusqu'à deux ou trois gros dans le même temps; il continue ainsi pendant quatorze jours, et tous les trois ou quatre jours il prescrit un laxatif avec le Spigelia; il ajoute qu'à cette dose le médicament n'occasionne pas de sommeil, ni aucun inconvénient; du reste, la différence des opinions exige qu'un médecin soit prudent sur son usage, particulièrement pour les enfans d'un âge encore tendre; Wansvieten ne présente cette plante que comme dangereuse, Brown l'emploie toute entière, ainsi que nous l'avons dit; Brocklashy, les feuilles et la racine; de Whyte pense que ce végétal, transporté de la Jamaïque ou de la Caroline méridionale, en Angleterre, dégénère un peu de ses vertus; Linné n'indique que l'herbe dans sa Matière médicale, et lui attribue des propriétés narcotiques, provocatives et anthelmintiques; il n'y a pas long-temps que le chèvrefeuille de Maryland faisait partie du genre du Spigelia, suivant Murray; mais on l'en a tiré pour le placer ailleurs.

Quoi qu'il en soit du sentiment des auteurs sur le *Spigelia anthelmia* , je ne vous invite pas moins , Monsieur , d'en faire venir dans vos cantons, pour vous en servir au besoin, mais avec précaution.

MÉMOIRE

SUR L'ŒILLET D'INDE,

Considéré comme anthelmintique.

L'ŒILLET D'INDE est très-connu en France, on l'y cultive dans les parterres d'automne, pour y servir d'ornement; il a à-peu-près les mêmes propriétés que le spigelia , dont nous venons de parler; il est de la famille des fleurs radiées ; son calice commun est simple , d'une seule pièce alongée , divisé à son extrémité en plusieurs dentelures plus ou moins profondes; les fleurons qui sont au disque sont découpés en cinq segmens obtus; en disséquant ces fleurons, on remarque dans chacun d'eux cinq étamines fort menues, terminées par des sommets cylindriques , et un embryon alongé qui supporte un style menu, avec deux stigmates courbes; à ces fleurons succède une semence applatie , oblongue, fort étroite, terminée par une couronne de feuilles en écailles plus ou moins nombreuses.

On cultive communément dans les jardins de la France deux espèces d'œillets d'Inde , le grand et le petit; le grand a sa racine fort fibreuse, sa tige est haute d'environ trois pieds, grosse comme le pouce , nouée , rameuse, pleine de moëlle ; ses feuilles approchent de celles de la tanaisie ; ses fleurs naissent seules au sommet, elles sont belles, garnies, radiées, rondes et quelquefois grosses comme le poing; parmi les différentes variétés

du grand œillet d'Inde, il s'en trouve dont les fleurs
sont d'un jaune pâle ou soufre, d'autres d'un
jaune foncé ou d'une couleur orangée, il y en a
même à fleurs blanches; toutes ces variétés sont
ou simples ou doubles, et ont toujours une odeur
désagréable; elles commencent à s'épanouir vers
le mois de juillet et durent jusqu'aux gelées. Les
botanistes nomment le grand œillet d'Inde, *Tagetes
maximus rectus, flore simplici ex luteo pallido.*
J. Bauh. Il nous vient originairement du Mexique,
et est naturalisé en France.

Le petit œillet d'Inde donne dès le mois de mai
des fleurs jaunes veloutées, mêlées de roux et
de couleur safranée; ces fleurs durent tout l'été,
elles n'ont pas une odeur plus agréable que celles
du grand œillet d'Inde; cependant les fleuristes
ont obtenu depuis peu une nouvelle espèce d'œillets
d'Inde, dont l'odeur est très-agréable, et en cela
elle diffère de toutes les autres espèces du même
genre; la tige du petit œillet d'Inde ne monte guère
qu'à la hauteur d'un pied, elle est moëlleuse, sa
racine est courte et fibrée; on connaît cette petite espèce en botanique, sous la phrase de *Tagetes
indicus minor, flore simplici, sivè caryophillus indicus, sivè flos Africanus.* J. B.

Quelques auteurs regardent l'œillet d'Inde comme
un poison. Dodoëns rapporte avoir vu un enfant auquel les lèvres enflèrent incontinent après avoir mis
une fleur d'œillet d'Inde dans sa bouche; il a donné
de ces mêmes fleurs, parmi du fromage, à un
chat, qui devint enflé et mourut incontinent après;
des rats ont eu le même sort, pour avoir mangé
de la graine de cette plante; plusieurs cochons en
ont aussi été empoisonnés. Toutes ces expériences
devraient absolument en interdire l'usage interne;
d'ailleurs l'odeur désagréable de cette plante nous
indique assez la précaution que nous devons
prendre lorsque nous en voulons faire usage.
Hernandez, dans son Histoire des plantes du
Mexique, loin de regarder l'œillet d'Inde comme

poison ; dit que le suc et la décoction de ses feuilles ,
pris intérieurement, provoque l'urine, le flux mens-
truel et les sueurs. D'autres auteurs prétendent
que ce même suc dissipe le froid des fièvres intermittentes, si l'on s'en frotte un peu avant l'accès,
et qu'il est encore très-bien indiqué pour les convulsions, la cachexie et l'hydropisie : au lieu du
suc , on peut se servir uniquement des feuilles
écrasées et prises avec du vin et de l'eau : quand
on emploie extérieurement l'œillet d'Inde, il est
détersif, résolutif, et on s'en sert avec succès contre
les dartres, la gale et les démangeaisons de la
peau.

Malgré le danger que quelques auteurs attri-
buent à l'usage interne de cette plante, sa racine
passe néanmoins pour un excellent vermifuge ; c'est
ce qui résulte d'une lettre du docteur Lining, médecin à Charles-Town dans la Caroline , adressée
au docteur Robert Wyt, professeur de médecine
en l'université d'Edimbourg. Cette lettre se trouve
insérée dans les *Essais et Observations physiques
et littéraires de la Société d'Edimbourg.*

Il y a , dit ce médecin, une plante que les habitans de la Caroline appellent *œillet d'Inde*, qui
croît dans cette province, et dont on emploie la
racine contre les vers ; les Indiens en ont appris
l'usage.

On en donne la racine en poudre, ou infusée
dans l'eau bouillante ; mais la poudre est plus efficace : lorsque je la donne en substance, j'y ajoute
un peu de rhubarbe, pour tenir le ventre libre,
et quelques gouttes d'huile essentielle, telles que
celle de rhue, de sabine et d'absynthe. Pour un
enfant de trois ans, douze grains de la racine prise
en substance, sont une dose modérée ; je la ré-
pète matin et soir pendant quelques jours, ayant
soin de faire observer pendant ce temps un régime
convenable ; lorsqu'on donne la racine en infusion ,
vingt grains sont une dose suffisante pour un enfant du même âge ; elle a un avantage sur tous

les autres anthelmintiques que je connais, c'est
d'être moins dégoûtante, et de pouvoir être donnée
avec sûreté, lorsqu'il y a de la fièvre, sans craindre
qu'elle échauffe trop; on peut aussi tromper un
enfant à son réveil, en la lui donnant en guise de
thé, avec un peu de lait et une quantité suffisante
de sucre.

Quoique ce ne soit pas un remède sûr contre
les vers, j'ai néanmoins remarqué qu'après l'avoir
pris, les enfans se trouvent considérablement soulagés pendant quelques jours. Voici en peu de
mots, l'observation d'un cas où je l'ai donné
avec succès. On m'envoya chercher pour voir
l'enfant d'un nègre, d'environ quatre ans, et qui
était au septième jour d'une fièvre continue; comme
je soupçonnais que la fièvre était entretenue par
les vers, je lui fis prendre le matin le remède
suivant :

Recipe theriacæ, unc. 1, *aquæ font., unc.* 2 *cum
semi, pulveris radicis anthelmiæ* (car c'est le
nom que je donne à l'œillet d'Inde), *tartari re-
generati an., scrup.* 1, *pulveris croc. angl.,* 5 *gr.,
sacchari suff. quant. misce sumat cochlear.* 1 *se-
cundâ quáque horâ.*

Je fis répéter le lendemain, et dans l'après-
midi l'enfant rendit tout-à-coup et par le bas 30 gros
vers, de ceux qu'on nomme stronglois, ou ronds,
ou longs, et dans le même jour la fièvre tomba
entièrement et ne revint plus; le lendemain on réi-
téra la même potion, et dans la journée l'enfant
rendit encore neuf autres vers de la même espèce. Lorsqu'on donne une dose trop forte de
cette racine, soit en poudre, soit en infusion,
elle occasionne quelques effets extraordinaires,
qui se déclarent peu après l'avoir prise; les enfans sont attaqués de vertiges, se plaignent de
douleurs aux yeux et aux sourcils, et les muscles
abducteurs et adducteurs des yeux semblent être
plus affectés, à en juger par leurs mouvemens ir-
réguliers, tandis que les autres muscles des yeux

ne le sont point du tout, autant que les circonstances m'ont permis de le remarquer : cependant
ces symptômes se dissipent bientôt, et on peut en
hâter la cessation en donnant au malade quelque
liqueur spiritueuse faible, et à laquelle on aura
ajouté quelque sel volatil, ou du safran, ou
quelque huile essentielle chaude; mais pour prévenir les mauvais effets de ce remède, on peut
toujours y ajouter quelques gouttes de l'huile dont
j'ai parlé. Je suis entré dans un certain détail au
sujet de ce remède (c'est par où finit le docteur
Lining), parceque je m'imagine que dès qu'il
aura pris faveur, il pourra conserver la vie à beaucoup de malades. Il y a déjà long-temps qu'il est
en usage dans cette partie du monde, non-seulement parmi les médecins, mais encore parmi tous
les habitans des Colonies. Garden, médecin aussi
à Charles-Town, et plusieurs autres Anglais,
ont donné la racine de cette plante en plusieurs
autres cas ; cependant ils ne lui ont remarqué d'autres propriétés qu'une vertu purgative et vermifuge, telle que celle que le docteur Lining lui a
attribuée. Au surplus l'œillet d'Inde convient spécialement dans les fièvres continues vermineuses ;
la dose ordinaire à prendre pour les adultes, est
depuis un scrupule jusqu'à un gros, et en infusion, depuis 2 gros jusqu'à quatre, à prendre deux
fois par jour; on peut encore l'allier avec la serpentaire de Virginie, contre les fièvres putrides
vermineuses, et même à d'autres purgatifs, lorsqu'il ne s'agit que d'exciter des évacuations. Malgré les témoignages favorables que rendent ces
deux médecins en faveur de l'œillet d'Inde, nous
pensons néanmoins que l'usage de ce remède est
trop suspect pour oser le tenter en France; nous
ne conseillons nullement d'en faire usage, à moins
que nous n'ayons des preuves encore plus authen-
tiques qui nous confirment son efficacité ; nous ex-
hortons même de ne jamais mâcher ni avaler les
fleurs d'œillet d'Inde. Quant à sa culture, elle

n'est pas bien difficile ; cette plante se multiplie
de semences, on la sème sur une couche tempérée ;
quand elle a poussé et lorsqu'elle est assez forte,
on la replante à demeure ; elle se plaît dans toutes
sortes de terrains. elle n'exige pas même une bonne
terre, et il ne faut aucun soin pour l'élever. Si
on veut la conserver pour l'hiver, il faut l'abriter
de la gelée.

NOTICE

SUR LE *SEMEN CONTRA.*

On vend dans les boutiques une substance qu'on
y nomme *semen contrà, semen sanctum, santonici
vel cinæ semen*, poudre contre vers. Cette poudre
est une semence oblongue, légère, à laquelle se
trouvent mêlés une quantité de petits canaux et
de petites membranes, de couleur d'un vert-brun.
Le vrai semen doit être très-menu, et il est même
pour lors à préférer, quoiqu'il s'y trouve néanmoins
toujours de petits canaux et des feuilles, il faut
seulement qu'il y ait un peu de semence. Aussi
Linné, au défaut de ce semen, ordonnait-il d'y
substituer la semence d'une armoise, surnommée
trivialement *artemisia campestris.*

On apporte le semen de la Natolie. Sa semence
est très-amère et âcre ; son odeur est forte et
particulière, c'est un excellent vermifuge pour les
enfans, de l'aveu de tout le monde. Son infusion
dans l'eau pendant cinq heures, selon Baglivi, et
pendant sept ou huit, suivant Redi, fait mourir
les vers, tandis que pour la décoction de l'absynthe
ordinaire, qui est très-amère, il faut trente heures,
et pour l'infusion de l'agaric, il faut trente-six
heures ; d'où il faut considérer que ce n'est pas seulement l'amertume du semen contrà qui tue le ver.
On le fait prendre différemment aux enfans ; on

en donne le matin une cuillerée ou deux en forme
de thé, on en asperge la poudre sur du pain beurré
ou sur du pain miellé, ou on en met deux cuillerées dans du lait chaud, ou on en fait des bols
avec du lait et du sirop d'écorce d'orange ; on le
donne ordinairement pendant trois jours, au com-
mencement ou à la fin de la lune, et on y ajoute
pendant les deux suivans de la teinture de rhubarbe ; les adultes en prennent une cuillerée plus
grande qu'ils mèlent avec des purgatifs, ce qui a
fait souvent périr le ver solitaire ; j'ai coutume
de l'allier avec la plupart des purgatifs que j'ordonne à la dose d'un scrupule en substance. Linné
en donne un gros pour la dose, en infusion dans
l'esprit de vin, et épaissi en un extrait. Les cou-
reurs vendent des bouchées contre les vers ; ils
ne les forment qu'avec les semences menues, oblongues, et en rejettent toutes les autres parties ; ils
en mettent un demi-gros sur pareille quantité de
rhubarbe, et avec un peu de sucre ils en forment
des rotules. Quelques auteurs prétendent que cette
semence est bonne pour donner du ton à l'estomac ;
au reste, rien n'en dissuade le contraire.

La plante qui nous fournit ce semen est l'armoise de Judée, *artemisia Judaica, artemisia fruc-
ticosa, foliis obovatis, obtusis, lobatis, parvulis ; floribus paniculatis, pedicellatis.* Lin. *Syst. Veg. l. c.
Absynthium santanicum Judaicum.* C. B. Cette
plante vient en sous-arbrisseau ; ses feuilles sont
ovales, obtuses, lobées, petites ; ses fleurs sont
paniculées, pédiculées. Elle croît naturellement
dans la Palestine.

Coste et Willemet, dans leur Matière médicale
végétale indigène, assurent que depuis long-temps
la semence de tanaisie, *tanacetum vulgare.* Lin.,
se vend dans les pharmacies de la Lorraine, pour
le *semen contrà* végétal et exotique ; au surplus
la semence de tanaisie, d'après l'expérience, est
un aussi bon anthelmintique que le semen contrà.
Bagard, médecin de Nancy, préférait la semence

de l'aurone femelle , *santolium chemœparissas ,* au *semen contrà* ; aussi , en faisait-il cultiver une quantité considérable , uniquement pour en retirer la graine , qu'il employait comme un anthelmintique puissant aux mêmes doses que le semen contrà.

La racine de fougère mâle a toujours passé depuis les temps les plus reculés comme un des meilleurs vermifuges. Le docteur Marquet en faisait entrer dans les remèdes qu'il prescrivait contre le ver solitaire , et toujours avec le plus grand succès ; cette racine fait encore la base du remède de Madame Nouffer , qui n'a d'autre mérite , comme la plupart des autres remèdes secrets , que d'être renouvellé des anciens. Poutau , chirurgien de Lyon , a fait souvent usage de ce remède pour ses malades.

DISSERTATION
SUR LA CÉVADILLE,

Sa description , ses propriétés , principalement pour faire mourir les insectes et les vers , même le solitaire.

Depuis long-temps on emploie dans la pharmacie la semence de cévadille , *sabadilli seu sabadillœ semen* , sans connaître la plante dont elle provient ; nous savions seulement qu'elle nous venait du Mexique. Monardès est le premier auteur qui en fait mention ; il prétendait que la plante dont on tirait cette semence , avait beaucoup de ressemblance avec l'orge ; aussi l'appelle-il *la petite orge.* C. Bauhin , dans son *Theatrum Bot.* , l'appelle l'orge caustique , et Haller la rapporte au genre du *delphinium ,*

delphinium, ou de l'aconit. Retz paraît avoir résout la question, par la description qu'il en donne : il la range parmi les *veratrum ;* aussi Gmelin la place-t-il parmi les plantes de ce genre, dans la nouvelle édition qu'il a donnée du *Systema naturæ* de Linné, et il la nomme *veratrum sabadilla, veratrum racemo simplici , floribus secundis pedunculatis, subtùsnutantibus. Edit.* 15. *t.* 2. *part.* 1.; mais sa description qui a été faite sur un individu sec, pourrait peut-être encore nous laisser quelques doutes.

Sa grappe est en épis ; elle paraît simple, à fleurs d'un même côté de la tige, penchées, et à pédicules d'un noir pourpre. Ses fleurs sont hermaphrodites, ou mâles ; les hermaphrodites sont sans calice ; leur corolle est à six pétales ovales, dont trois sont extérieurs ; les étamines sont au nombre de six, insérées à la base de la corolle, à filamens inférieurement plus larges, persistans ; les pistils sont au nombre de trois, à germes oblongs, glabres, à styles très-courts ; les stygmates sont simples ; les capsules sont au nombre de trois, oblongues, tronquées à un de leurs sommets ; les fleurs mâles sont en tout semblables aux hermaphrodites, excepté le pistil, à la place duquel on remarque un rudiment.

On nous apporte de la Nouvelle-Espagne, sous le nom de cévadille, un mélange de semences, ou nues, ou renfermées dans leurs capsules ; des capsules, ou entières, ou froissées, et de différens pédicules de la fleur, ou de pédicules, et toujours en proportion inégale.

Dans les boutiques on mêle quelquefois, par fraude, au rapport de Gleditsch, un tiers, un quart et même plus de semences de persil broyées en poudre, ou de la semence de poivre blanc, et même d'ellébore blanc. Les capsules de la cévadille sont amères au goût, et quelquefois elles n'ont presqu'aucune amertume. Les semences sont très-âcres, d'une amertume désagréable, piquent la langue,

B

et occasionnent des nausées; elles affectent aussi les lèvres et provoquent la salivation , même pendant plusieurs heures; elles n'ont néanmoins aucune odeur , mais la poudre tirée par les narines fait éternuer ; c'est un excellent errhin. Leur infusion aqueuse est très-âcre et même caustique , de même que l'infusion spiritueuse ; mais celle-ci répand une odeur forte et aromatique. L'extrait aqueux absorbe environ la huitième partie du poids des semences , et le spiritueux presque le quart ; ces mêmes semences réduites en poudre perdent , par le laps de temps, de leurs vertus ; aussi ne les pulvérise-t-on que quelques momens avant de s'en servir.

Les animaux qui mangent de ces semences en sont très-vivement affectés ; et non-seulement elles font périr les insectes et les vers , mais elles sont encore très-nuisibles aux quadrupèdes : des chats auxquels on n'en avait donné qu'une pincée, en ont ressenti des spasmes très-violens , et un demi-gros donné à des chiens, les a fait vomir , et leur a occasionné des convulsions violentes. Rien n'est meilleur pour détruire les punaises, aussi insère-t-on leur poudre dans les creux ou fentes où se nichent ces insectes; on fait même pour cet effet des lotions avec une livre de vinaigre sur deux onces de cévadille , qu'on met ensemble en digestion pendant deux jours ; mais la principale vertu , et la plus expérimentée en France , est pour détruire les poux; aussi l'appelle-t-on *poudre-de-capucin.*

Si une tête se trouve infectée de poux , après avoir pommadé ou huilé les cheveux , on y répand de la poudre de cévadille ; on jette pareillement de cette poudre sur les lits , les linges et les habillemens où il s'en trouve , les poux s'enfuient aussitôt , ou périssent. On est parvenu dans les hôpitaux militaires à détruire cette vermine, en aspergeant les lits , les habits et même les pavés avec la décoction de semences de cévadille et de feuilles de tabac. Il se trouve des personnes qui ne se resentent d'aucune incommodité de la destruction des poux, mais il n'en est pas de même de toutes personnes indistinctement ; il est même dangereux de les faire périr lorsqu'on a des açores à la tête, il se fait d'abord une résorption d'humeurs. Un jeune homme, sur la tête duquel on avait répandu une quantité de cette poudre, est devenu fou, et n'a récupéré l'usage de sa raison, qu'en lavant sa tête avec de l'eau fraîche ; un jeune enfant de cinq à six mois est mort de convulsions pour avoir mis de cette poudre sur sa tête. Aussi Rosenstein, qui a traité des maladies des enfans, et qui dans sa première édition avait fait l'usage de cette poudre, a été obligé de la retrancher dans sa seconde édition. Monardès a recommandé anciennement la cévadille contre la gangrène, les ulcères putrides ; mais comme elle n'a pas toujours réussi, on en a abandonné l'usage dans ces cas.

Une femme qui avait pris indistinctement, soit par inadvertance, soit par imprudence, de la poudre de cévadille, ressentit des douleurs violentes dans l'estomac, et eut des nausées ou envies de vomir, dont elle ne put se guérir qu'en se provoquant le vomissement, et qu'en buvant de la décoction de graines de lin.

Cependant tous ces accidens funestes n'ont pas empêché quelques praticiens d'en faire prendre intérieurement aux hommes, et même à des doses assez fortes, pour détruire en eux les vers de quelque espèce qu'ils soient. Nous n'osons accorder nos suffrages à une pareille témérité, ou du moins nous ne pouvons recommander assez de précautions dans l'usage intérieur de ce remède.

Corger, médecin suédois, dit néanmoins s'être servi de la cévadille pour la destruction des vers ; et en effet il est de fait que sa poudre jetée sur les lombrics et les ascarides, leur occasionne de violentes convulsions, et les fait mourir à l'instant.

Schmecker et Hagerstrom prétendent que la poudre de cévadille, donnée à dose convenable, ne nuit

2

pas même aux plus petits des enfans ; Sécliger dit
avoir expulsé à fond le tœnia , en donnant tous les
matins pendant quatorze jours , aux malades , un
demi-gros de cévadille en poudre ou en *bols* , mêlée
avec du miel , et un bon purgatif tous les cinq jours,
avec des drastiques ; les vers partent par *petits* morceaux avec une grande quantité de matière muqueuse ; il s'est trouvé des malades attaqués de mé-
lancolie , en avoir été guéris par la destruction de
la matière vermineuse. Schmecker fait aussi mention
de malades qu'il a guéris du tœnia par la cévadille ,
et il assure même que ce remède est plus efficace
que celui de Madame Nouffer. Il serait à desirer
que ceux qui ont fait mention de toutes ces guérisons , eussent désigné l'espèce de tœnia qu'ils ont
fait périr ; cependant Herz fait mention du *tœnia*
solium , dont plusieurs articulations étaient sorties
précédemment du corps d'un enfant de six mois ,
et dont il est parti une portion longue de deux aunes
et un quart , ayant une extrémité extrêmement
amincie , après avoir fait usage , à deux fois différentes , d'une cuillerée d'un électuaire composé d'un
scrupule de cévadille et de deux onces et demie de
sirop de rhubarbe; et depuis , cet enfant ne s'en est
plus ressenti.

Les ascarides qui nichent pour l'ordinaire dans
l'intérieur du *rectum* , périssent aussi pour l'ordinaire par l'usage des lavemens composés de deux
onces de cévadille , et de six onces d'eau qu'on réduit à cinq , en y ajoutant l'usage intérieur des
pilules de cévadille et de miel. La cévadille prise
en poudre et en pilules , est donc très-bonne pour
détruire les vers ; mais comment en faire usage ?
c'est ce que nous allons rapporter.

On réduit en poudre les capsules du fruit , con-
jointement avec les semences ; on purge ensuite
le malade avec de la rhubarbe et du sel de glauber ;
le lendemain matin , on lui donne une poudre composée d'un gros de la poudre ci-dessus , et de pareille quantité d'*oleo-saccharum* de fenouil , et par-

dessus une tasse ou deux d'infusion de camomille, ou de fleurs de sureau : le vomissement survient, et en même temps se fait l'éjection vermineuse par la bouche. Si les vers habitent l'estomac, on réitérera au malade de la même poudre le jour suivant, ce qui produit le même effet ; quand on n'apperçoit point de vers, et que cependant on en soupçonne dans le malade, on continue la même poudre, avec la différence qu'on n'en donnera que la moitié le matin, et l'autre moitié le soir : il en sera de même le quatrième jour ; mais le cinquième, on purge le malade avec un demi-gros de rhubarbe et quatre grains de résine préparée. Le sixième jour on donnera au malade trois bols, dont chacun contiendra cinq grains de cévadille, incorporés avec suffisante quantité de miel épuré, ce qu'on réiterera matin et soir pendant quatre jours, et le cinquième on reviendra à la purgation ci-dessus, jusqu'à ce qu'il n'y ait aucune apparence de matière muqueuse ; il faut au moins vingt jours pour le traitement.

A l'égard des enfans, depuis deux ans jusqu'à quatre, ce remède ne doit être composé que de deux grains de cévadille, mêlés avec une petite cuillerée de sirop de rhubarbe, et par dessus de l'infusion de sureau coupée avec du lait ; ce qu'on réitérera le soir avec dix à douze grains de rhubarbe, après quoi on reviendra au remède ci-dessus. Si les personnes auxquelles on donne de la cévadille sont âgées, on fera bien de les purger avec du mercure doux ; mais nous observerons ici, que la cévadille mêlée avec du miel, et prise en bols, est préférable à l'usage de la poudre simple ; et en effet celle-ci occasionne presqu'aussitôt une chaleur vive dans l'estomac, qu'on ne ressent pas lorsqu'on avale de la cévadille mêlée avec du miel ; quand on prend la poudre seule, elle occasionne ordinairement des vomissemens et des purgations. Bloch ne paraît pas approuver l'usage intérieur de la cévadille, en ce que ce remède est trop vio-

3

lent; et s il est anthelmentique , comme on le pré‑
tend, c'est moins à sa qualité anti-vermineuse qu'on
doit attribuer l'éjection du tœnia , qu'à sa propriété
caustique.

Comme les vers occasionnent quelquefois l'épi‑
lepsie ou des convulsions, il n'est pas douteux que
la cévadille , si elle est vermineuse, ne guérisse
pareillement les accidens qui en proviennent. Cette
dissertation a paru antérieurement à celle qu'a
publiée la Société de Médecine; nous en avons la
preuve, par la date du temps qu'elle a été imprimée
pour la première fois.

R E M È D E

Sur l'usage de la Coralline contre vers
principalement de celle qui se nomme
Lemithocherton.

CE remède , spécifique contre les vers de toute
espèce, est connu depuis plusieurs siècles ; les
Grecs , établis en Corse depuis plus de cent ans ,
en ont apporté la connaissance et l'usage dans cette
île. Les habitans d'Ajaccio et d'une partie de l'île
de Corse, en éprouvent les meilleurs effets dans
un grand nombre de maladies occasionnées par
les vers , et particulièrement de cette espèce de
vers qu'on appelle lombrics , très-communs dans
les enfans, et dont les hommes plus avancés en
âge ne sont pas exempts. Il y a d'autres vermi‑
fuges connus sous le nom de coralline, de plusieurs
espèces ; mais ils diffèrent du *lemithocherton*, et ne
produisent pas les mêmes effets. Il ne s'agit ici
que du vrai *lemithocherton*, qui ne se trouve que
de deux espèces, le petit et le grand; celui-ci a
la tige ronde et rouge , semblable au corail ; sa
plus grande hauteur est de quatre à six pouces; il

y a quelques petites branches dont l'extrémité est
pointue : le petit se trouve quelquefois un peu gri-
sâtre; sa plus grande hauteur est de deux pouces;
sa tige est aussi ronde, et c'est ce qui le distingue de
toutes les autres plantes de la mer, ainsi que son
goût, qui n'est pas désagréable, puisqu'on le mange
sans répugnance, étant tout frais. Cette plante guérit
radicalement les coliques et toutes les maladies vermineuses; elle est employée avec succès dans les
fièvres putrides; on en fait une simple infusion,
qu'on met dans la tisane dont le malade fait usage;
cette infusion a souvent produit une évacuation de
vers qui décidait le plus souvent de la guérison
du malade; on le prend même dans le fort de l'accès, sans qu'il en résulte le moindre inconvénient:
c'est aussi un très-bon préservatif contre les maladies qui peuvent être occasionnées par les vers;
il y a un très-grand nombre de personnes en Corse
qui en font prendre à leurs enfans trois ou quatre fois
par an, et en effet on ne voit pas les enfans attaqués de maladies vermineuses, comme dans d'autres
pays. Les fièvres irrégulières, les convulsions,
les épilepsies, et bien d'autres maladies qui peuvent
être occasionnées par les vers, arrivent bien rarement aux enfans, depuis l'usage de cette plante,
qui ne peut jamais produire aucun mauvais effet,
quand bien même les personnes qui en prendraient
n'auraient jamais eu de vers. Il est constant que ce
remède fait rendre des vers par les selles dans
l'espace de vingt-quatre heures; s'il en arrive autrement, il faut que la maladie ait eu une autre
cause, ou que le lemithocherton ne soit pas de bonne
espèce, puisque le vrai a la propriété constante
d'évacuer les vers, comme la manne, le jalap et
d'autres remèdes connus en médecine ont la propriété d'évacuer les humeurs. Les observations
faites depuis bien des années ont constaté assez
la vérité des bons effets de ce remède; il n'y a
guère de familles dans Ajaccio et dans ses environs,

qui ne les aient éprouvés ; une seule prise a souvent fait rendre plus de cent vers.

Les enfans prennent ce remède sans répugnance, puisqu'on peut le faire entrer dans les alimens qu'ils aiment le plus ; les alimens doux conviennent le mieux à ce remède, car en le prenant avec quelque chose d'amer, il ne produit pas les mêmes effets. On le donne en poudre dans du miel, dans de l'eau simple ou édulcorée avec du miel, dans du sucre ou sirop, dans du lait, dans de la soupe, ou en bols ; sa dose, en substance, est d'un demi-gros, depuis la première dentition jusqu'à l'âge de trois ans ; deux scrupules, depuis l'âge de trois ans jusqu'à cinq ; un gros, depuis cinq jusqu'à dix ; quatre scrupules ou un gros et demi, au-dessus de cet âge.

La dose en infusion, est d'un gros et demi pour le premier âge, deux pour le second, trois pour le troisième, quatre pour les adultes ; une once d'eau suffit pour chaque graine de lemithocherton. L'infusion se prépare de la manière suivante :

On fait infuser la plante un instant sur le soir, avec la quantité d'eau convenable, on la tient bien couverte, et le matin on la passe dans un linge ; on fait prendre cette infusion telle qu'elle est, ou édulcorée avec du miel, du sucre ou du sirop, ce qui est encore meilleur.

On peut encore se servir de cette infusion pour pétrir de la farine, en faire une pâte bien liquide avec du beurre ou de l'huile, en guise de beignets, qu'on donne à manger bien sucré ; c'est encore la méthode la plus commune.

On prépare aussi cette coralline en gelée, pour la facilité des enfans. On fait bouillir à cet effet une once de coralline de Corse dans une livre d'eau, on passe avec expression, on ajoute une once de sucre et on clarifie avec douze grains de colle de poisson, on évapore à feu doux jusqu'à pellicule ; la liqueur, en se refroidissant, donne une gelée qu'on peut aromatiser, si on le juge à propos, et

qui conserve toute la vertu de la coralline et n'a
pas le danger de cette substance, administrée sous
une autre forme.

Jacquart, apothicaire à Marseille, nous a appris
en 1779, dans le temps que nous rédigions notre
journal de la Nature considérée, qu'on apporta dans
sa pharmacie un enfant de sept ans, qui était tombé
à la promenade, dans un accès d'épilepsie, à laquelle il était sujet depuis plusieurs années ; on
le pria de lui donner ses soins pour faire cesser
l'accident, s'il était possible, ou du moins pour.
le rendre moins violent. Après avoir essayé envain
les moyens usités en pareil cas, il lui vint dans
l'idée que peut-être ces accidens étaient occasion-
nés par des vers ; pour s'en assurer, il fit mettre
dans la bouche du malade un entonnoir de fer-
blanc, au moyen duquel il lui fit avaler une potion composée avec sirop d'althea, une once; eau
de lys, deux onces, coralline en poudre, un gros;
les assistans ne furent pas moins surpris que
M. Jacquart, lorsqu'ils virent que l'instant d'après
l'enfant se mit à crier qu'il en avait assez, qu'il
ne voulait plus boire; il s'en alla chez lui, et peu
de temps après il ne rendit absolument que des
vers par les selles, et en si grande quantité, qu'on
fut obligé de les lui arracher. Un autre enfant de
quatre ans, qui avait la fièvre depuis deux mois,
fut guéri après huit jours de l'usage de la même
coralline.

DIFFÉRENS REMÈDES

contre les vers, et même contre le tœnia.

1°. Prenez trois cuillerées de vin de Bourgogne
un peu éventé, pareille quantité de jus de citron,
et autant d'huile de noix; mêlez ces substances, et
donnez tous les matins ce mélange à jeun; vous

n'en aurez pas donné trois ou quatre jours de suite au malade, qu'il rendra des vers, s'il y en a, et même le vers solitaire.

2°. Pour guérir des enfans tourmentés de vers ascarides, donnez-leur des lavemens de vin de Bourgogne rouge, dans lequel vous aurez fait dissoudre du sel marin jusqu'à saturation.

3°. Prenez l'écorce d'une demi-orange, mettez-la infuser le soir dans un verre de vin blanc, et faites boire la moitié de cette infusion à l'enfant; continuez ce remède pendant quelques jours; augmentez la dose d'écorce d'orange, lorsque vous voulez faire prendre ce remède aux adultes.

4°. Prenez des racines de contrayerva véritable, du dictame blanc, de la semence de tanaisie, de la corne de cerf rapée, de la coralline et du *semen contrà*, de chaque un gros et demi; de la rhubarbe choisie et découpée, de l'anis, de la coriandre et de la canelle, de chacun un gros; concassez ce qui doit l'être; faites bouillir le tout dans une suffisante quantité d'eau de fontaine, pour une livre, ou deux bouteilles de colature; sur la fin de l'ébullition, ajoutez-y six gros de follicules de séné et un bâton de réglisse effilé et concassé; lorsque la décoction sera refroidie, passez-la, divisez les bouteilles en six verres, dont trois se prennent le premier jour, et les trois autres le lendemain, aux heures médicinales; réitérez l'usage aux derniers quartiers de la lune.

5°. Préparez la veille, avec un lavement fait avec la décoction de figues grasses, après quoi commencez le lendemain le traitement. Prenez racines de valériane sauvage pulvérisées récemment, un gros; coquilles d'œufs calcinées et pulvérisées, vingt grains; délayez dans un verre plein de vin blanc, et faites prendre le matin à jeun.

Le malade reste dans le lit, couvert, il sue pour l'ordinaire un peu; on ne lui donnera ni boisson, ni alimens pendant trois heures; ensuite on lui servira un potage et on lui fera observer un bon régime pendant le cours du traitement; on réitère cette potion pendant trois matins consécutifs.

Le quatrième jour on purgera de la manière suivante. Prenez mercure doux, dix grains; panacée mercurielle, huit grains; diagrede soufré, douze grains; coquilles d'œufs calcinées et pulvérisées, 20 gr. mêlez en triturant avec suffisante quantité de sirop de fleurs de pêcher, faites un bol à prendre le matin à jeun; deux heures après le malade avalera un verre de la tisane suivante :

Prenez séné mondé, demi-once; versez dessus deux livres d'eau chaude, ajoutez huit grains de sel fixe de tartre, laissez infuser sur les cendres chaudes pendant la nuit; le matin coulez avec expression pour l'usage.

Une heure après le premier verre de cette tisane, donnez un bouillon; ensuite continuez ou discontinuez la tisane, selon que le purgatif agira plus ou moins, et on conduira le malade ainsi qu'il est d'usage dans les jours de purgation; le soir, on donnera le même lavement.

Dans les personnes robustes et dans celles où une langue chargée ou autres signes indiquent des amas dans l'estomac, on débute par faire vomir avec le tartre stibié en lavage donné en verre; on réitère ordinairement la potion vermifuge encore pendant trois jours, et le purgatif après. Quelquefois on réitère ce remède pour la troisième fois, ce qui est rare. Les doses prescrites sont pour les adultes; on doit les varier selon l'état et l'âge du malade.

6°. La fougère mâle est la base du remède de M. Marquet, pour le ver solitaire, et de la dame Nouffer; on y associe des purgatifs; les remèdes préparés avec cette racine sont des excellens anthelmintiques.

7°. La décoction de la plante de raifort aquatique, *sisymbrium amphibum aquaticum ; Linn.* est un si puissant anthelmintique, qu'on a fait rendre par son moyen le tœnia; la dose est d'une tasse matin et soir.

C'est à Forestus que nous sommes redevables de ce remède ; Didelot, Coste et Willemet l'ont employé avec succès, d'après ce médecin.

8°. Les fleurs de pêcher sont un excellent vermifuge ; Willemet et Coste donnent à cet effet un ou deux scrupules d'extrait aqueux de bourgeons de pêcher, saturé de la poudre des fleurs desséchées du même arbre. Un jeune homme de quinze ans, disent-ils, a rendu par l'usage de ce remède plus de soixante vers strongles; dans l'espace de douze jours cet enfant prit une once de l'extrait, en vingt-quatre prises, et trois médecines composées, où les feuilles de pêcher étaient entrées jusqu'à une once; il rendait cinq à six selles chaque fois, et communément quatre à cinq vers dans les premières.

9°. On annonce, et il est assez probable, que la décoction de la poudre de glands de chêne torréfiés à la manière du café, est un excellent anthelmintique. On regarde encore comme tel une espèce de chenopode, qui se nomme pour cette raison *chenopodium anthelminticum*; on le prend en infusion.

NOTICE

SUR L'ACMELLE,

Regardée comme spécifique contre la pierre, la gravelle, et la colique néphrétique.

UNE plante qui mérite d'être placée dans la nouvelle Matière médicale végétale , et dont on a éprouvé l'efficacité dans la pierre, la gravelle et la colique néphrétique , est l'acmelle ; elle nous vient de l'île de Ceylan , et est connue en botanique, sous le nom de *verbesina acmella. Lin. Sp. Plant. ceratocephalus ballotes foliis. Vaillant. Academiæ. reg. Parisiis.* 600. Elle est annuelle. Sa racine est blanche et fibreuse ; sa tige est haute d'environ un pied, distribuée par branches, quarrée , et garnie de feuilles posées par paire , oblongues, semblables à celles du *lamium,* ou de l'ortie morte. Ses fleurs sortent de l'extrémité des branches , et sont composées d'un grand nombre de petites fleurs jaunes , variées, qui forment, en s'unissant , une tête portée par un calice à cinq feuilles : quand les fleurs sont passées, il leur succède des semences d'un gris obscur , longues, lisses, excepté celles du sommet, et garnies d'une longue barbe qui les rend fourchues. Un chirurgien-major de l'hôpital de Colombo , qui est un des premiers qui a fait connaître cette plante en Europe , en distingue trois espèces différentes les unes des autres, surtout par la couleur des feuilles. Il y a, suivant lui , une espèce qui a la graine noire et les feuilles larges; c'est de cette espèce dont il exalte les vertus, aussi est-

elle la plus usitée dans le pays ; on se sert avec
succès, pour la pierre et la gravelle, de sa graine
et de sa feuille, quoiqu'on puisse aussi employer
sa tige, sa racine et ses branches.

On cueille, dans l'île de Ceylan, les feuilles de
cette plante avant que les fleurs paraissent, et on
les fait sécher au soleil ; elles se prennent de deux
façons, ou en poudre avec un véhicule convenable,
ou en infusion théiforme ; souvent on fait infuser sa
racine, ses tiges et ses branches dans de l'esprit-de-
vin, que l'on distille ensuite. On fait encore usage des
fleurs; on prépare un extrait avec la racine, et on tire
de la plante, un sel reconnu pour très-bon dans les
pleurésies, les coliques et les fièvres. On vante surtout la teinture d'acmelle, faite avec de l'esprit-
de-vin, ou dans quelque décoction anti-néphrétique. On prétend que rien n'est meilleur que cette
teinture pour faciliter l'évacuation du gravier, et
dissiper promptement la gravelle. Un officier digne
de foi a assuré, en 1690, à la Compagnie des Indes
orientales de Hollande, avoir guéri, par l'usage
de cette plante, plus de cent personnes attaquées
de la pierre et de la colique néphrétique. Son témoignage est d'autant plus sûr, qu'il a été confirmé
par celui du gouverneur même de l'île de Ceylan,
et par le chirurgien-major du lieu.

Linné, dans sa Matière médicale, parle de l'acmelle, comme d'une plante balsamique, amère,
ayant l'odeur et la saveur du sigisbeckia qui nous
vient de Virginie, et qui s'accommode très-bien à
notre climat. Cette plante, dit-il, quoiqu'inusitée,
n'en est pas moins précieuse. Elle est, selon lui,
anodine, atténuante, diaphorétique, diurétique et
emménagogue ; elle convient, ajoute-t-il, dans
l'hydropisie, la strangurie, le calcul, la goutte,
les fleurs blanches et la pleurésie. Le sigesbeckia a
presque les mêmes vertus, et est très-bien indiqué
dans les mêmes cas ; aussi, dit Linné, partout on
le substitue à l'acmelle, qui est, proprement dit,
le bidens de l'île de Ceylan. Le calcul, la gra-

velle et la colique néphrétique sont dés maladies d'autant plus déplorables, qu'on a bien de la
peine à trouver dans la Matière médicale, des remèdes assez puissans pour les combattre ; le plus
souvent même elles nous occasionnent la mort.

Si l'acmelle a la vertu de guérir ces maladies ;
(et qui en peut douter, Monsieur, d'après le récit
que je viens de vous faire des vertus de cette plante,
confirmé par le témoignage du gouverneur même
de Ceylan ?) Que peut-on trouver de plus précieux
pour l'humanité ? Pourquoi priver plus long-temps
les habitans de ce continent, d'une plante qui leur
serait si avantageuse ? Quelle récompense ne mé-
riterait pas celui qui, après avoir constaté sur les
lieux les vertus qu'on lui attribue, la répandrait par
tout l'univers ? L'acmelle peut être remplacée très-
efficacement par le *bidens cernua* qui vient dans notre
pays : on en a remarqué, en Angleterre, les bons
effets.

NOTICE

SUR LA DORADILLE,

*Propre à guérir la pierre, la gravelle,
et la colique néphrétique.*

LA doradille est un des moyens que la botanique-
pratique nous a fait connaître pour la guérison de
la pierre, de la gravelle et de la colique néphrétique. Cette plante, qu'on nomme aussi *dorade*,
daurade, *l'herbe dorée*, et plus communément *ceterac*, a, par caractère, une racine fibreuse et
coriace, des feuilles presqu'aîlées, découpées en
lobes alternes unis par leur base, obtus, sinueux,
ondés. Les feuilles sortent de la racine, et sont en
grand nombre, longues de trois à quatre pouces,
vertes en-dessus, et d'un jaune-brun sur la surface

inférieure qui porte la fructification ; cette fructification de la plante est disposée en lignes droites
sur le disque des folioles. La doradille est connue
en botanique sous le nom d'*asplenium sive ceterach.*
J. B. asplenium ceterach. Linn. Vous trouverez,
Monsieur, cette plante dans les endroits pierreux,
sur les murailles et les rochers ; elle est meilleure
et plus commune dans les pays chauds ; les montagnes d'Andalousie, Castille, Arragon, Catalo-
logne et Valence en sont couvertes ; c'est de ces
montagnes dont je vous conseille de la tirer par
préférence. Les années pluvieuses sont celles où
elle multiplie le plus, on la trouve rarement dans
les grandes sécheresses.

La doradille fait partie de la famille des capillaires, et a été mise, par cette raison, au nombre
des plantes béchiques et pectorales ; on lui a aussi
attribué une vertu apéritive. Sa principale propriété, est, suivant les anciens botanistes, d'être
splénique, c'est-à-dire, propre pour les maladies
de la rate : mais on lui a découvert vers le milieu du
siècle dernier, une propriété beaucoup plus intéressante à l'espèce humaine ; on a reconnu en elle
un excellent diurétique. Morand, chirurgien, est
le premier qui a rendu publique en France cette
heureuse découverte ; il a donné, dans la première
édition du Dictionnaire encyclopédique, un article
sur cette plante ; il y rapporte la guérison de M. le
comte d'Auteuil, chef d'escadre des armées na-
vales d'Espagne, qui s'est servi avec le plus grand
succès de la doradille, contre la gravelle qui le
tourmentait à l'excès.

La doradille qu'on nous envoye d'Espagne, est
ou toute entière, avec ses feuilles, ses tiges et ses
racines, ou toute préparée, c'est-à-dire, seulement
ses feuilles dépouillées de la tige ; ce sont uniquement ces dernières dont on se sert en médecine.

La manière d'user de ces feuilles est de les faire
infuser à la dose d'une bonne pincée dans deux
tasses d'eau bouillante, comme on fait le thé ; on

prend

prend ces deux tasses d'infusion le matin à jeun, et plus ou moins long-temps, suivant les effets ; cela n'exclut pas les autres remèdes qui seraient nécessités en même temps par d'autres indications.

Par les observations, dit M. Morand, à Paris, à Verdun, à Grenoble, où on en a fait beaucoup d'usage, il paraît que cette infusion charroie doucement les sables, dissipe les embarras des reins, qui accompagnent pour l'ordinaire les maladies néphrétiques, et adoucit les douleurs qu'elles causent dans les voies urinaires.

Missa, médecin de Paris, nous a dit avoir conseillé plusieurs fois, et toujours avec succès, à ses malades, de la doradille, sans en avoir remarqué aucun inconvénient. Une personne en place, qui avait souvent des paroxismes de colique néphrétique, et dont Missa était le médecin, a fait usage de cette infusion pendant près d'un an ; il en a été beaucoup soulagé, il a même rendu des petites pierres par le canal de l'urètre.

NOTICE

SUR LA BUSSEROLE,

Autre spécifique contre la pierre, la gravelle, et la colique néphrétique.

LA busserole, le raisin d'ours, est un sous-arbrisseau dont les tiges sont rampantes. Ses feuilles sont ovales, longuettes, petites, fermes, entières, tachetées de petites pointes noires, et rangées alternativement sur les branches. Sa fleur est formée d'un petit calice divisé en cinq, d'un pétale figuré en grelot, percé par le bas, dans lequel on trouve environ dix étamines et un pistil, composé d'un embryon arrondi, et surmonté

C

d'un style, l'embryon se change en une baie suc-
culente, dans laquelle sont renfermés cinq osselets
arrondis sur le. dos, et applatis du côté où ils se
touchent. Les botanistes nomment cette plante
uva ursi. Tourn. *Arbutus uva ursi. Lin.* Elle croît
sur l'Esperou dans le Languedoc, au sommet
du Canigou dans le Roussillon, sur le mont
Pila, dans les Pyrénées, et les montagnes des
Vosges, qui séparent la Lorraine de l'Alsace. Ce
petit arbrisseau serait très-joli dans les jardins, si
on pouvait l'y élever; il n'a que huit ou dix pouces
de hauteur, et se multiplie beaucoup dans les endroits où il se plaît.

Ses baies sont astringentes; la plante en infusion
est recommandée contre la pierre, la gravelle et
la colique néphrétique. Haën, fameux praticien de
Vienne, a préconisé de nos jours la vertu litonphi-
trique de cette plante; il rapporte, dans ses œuvres,
plusieurs observations et essais, qui ont toujours
été suivis du succès le plus certain; il ne fait usage
que de la feuille, l'ordonne pulvérisée, à la dose
d'un gros tous les matins pendant un mois ou six
semaines, dans un gobelet de tisane pectorale.
Suivant Bourgelat, la dose pour les animaux est depuis une demi-once jusqu'à une once et demie.

Nous avons fait usage efficacement de cette
plante. Riguez, curé d'Allianville près Neufchâ-
teau, nous ayant consulté sur la maladie de la
gravelle, dont il était violemment attaqué, nous
lui avons conseillé l'usage de cette plante, suivant
la méthode de Haën; mais la busserole, prise
suivant cette méthode, c'est-à-dire, en substance,
ou pour mieux dire en poudre, l'ayant dégoûté;
il usa différemment de cette plante; il en mit une
demi-poignée dans ses bouillons; après avoir pris
de ces bouillons pendant huit jours; il rendit des
graviers et même des pierres, dont une entr'autres
était si grosse, qu'elle eut de la peine à passer par
le canal de l'urètre, et qu'il fut obligé dans ce mo-
moment d'avoir recours au chirurgien; depuis ce
temps il ne ressent plus aucune douleur. Jadelot

père, doyen de la Faculté de Médecine de Lorraine,
a rapporté cette cure tout au long, dans une thèse
sur le calcul, qu'il a fait soutenir dans sa Faculté
sous sa présidence. Voici comment il s'explique :

D. Riguez parochus in Alliànville, quem torqué-
bant à quinque annis diversa calculi in reniùus et
vesicâ symptomata, ab erudito medico Nanciano
D. Buc'hoz egregio et indefeso botanices cultore
uvam ursi accepit ; post aliquot dies urina glutinosa
nonnisi cum doloribus maximis exaruebatur, sed
post mictum nulli dolores persentiebantur ; liceat ip-
sius verba ex epistolâ ad laudabilem medicum datâ,
qui eandem clarissimo D. D. Jadelot, hujusce Facul-
tatis professori communicavit, referre. Depuis que
je me suis servi de l'*uva ursi*, je ne me sens plus de
douleurs aux reins ni au ventre, et quand j'ai uriné,
il me semble que je n'ai plus de mal. *Majora ad-*
huc in posterum levamina hábuit, arenulas, lapillos
plurimos, unum quidem ad fabæ magnitudinem ac-
cedentem, cum torminibus exercuit, nullos dein do-
lores persentiens. Hoc nuntiabat epistolâ die 15 julii
1765, missa his verbis : comme je bénis l'*uva ursi*,
j'espère que vous voudrez bien que j'en fasse encore
usage. *Quibus maxima hujus remedii utilitas elu-*
cescit, omnes qui urinis sabulosis, pituitosis, muco-
sis laborabant, maximo cum successu infusum thei-
forme plantæ illius in usum duxisse testatur exper-
tissimus D. D. Ehrhard, praticus Argentinensis fe-
licissimus.

M. Riguez n'est pas le seul qui ait usé intérieurement et avec succès de cette plante par nos
conseils. Un Tiercelin du ci-devant couvent de
Nancy, âgé de soixante-quinze ans, était attaqué
des douleurs de la gravelle depuis plus de vingt
ans, ce qui l'avait rendu tout courbé ; il ne pouvait même marcher qu'à l'aide d'une canne, et il
n'avait pu trouver aucun soulagement par aucun
des remèdes que les plus habiles médecins de la
province lui avaient conseillés. Ayant entendu par-

ler de ma méthode de traiter les malades par les
végétaux indigènes, il eut recours à moi; je lui
conseillai l'usage de l'*uva ursi*; il en prit tous les
matins pendant un mois, à la dose d'un gros en
poudre dans un gobelet de tisane pectorale, ce
qui lui fit jeter une quantité de petites pierres, et
le soulagea tellement, que depuis ce temps il ne
ressentit plus aucune douleur; il se redressa malgré son grand âge, et abandonna totalement la
canne dont il était obligé de se servir depuis long-
temps.

Nous trouvons dans les ouvrages de M. Haën,
et dans la Gazette Salutaire, des exemples pareils
de personnes guéries avec cette plante; on a traduit
de l'espagnol, en 1768, un Traité sur la busserole, composé par don Joseph Quer, chirurgien
du roi d'Espagne, professeur de botanique au jardin
royal des plantes de Madrid. Cet auteur rapporte
entr'autres dans cet ouvrage, trois cures radicales
opérées sur des personnes calculeuses, à la cour
de Madrid, par le moyen de la busserole; enfin
tout dépose en faveur de cette plante, et elle ne nuit
à personne : bien différente en cela de tous les remèdes lithontriptiques, qui échauffent la plupart,
et qui souvent loin d'opérer la guérison, irritent
tellement les parties affectées, qu'elles exposent
les malades aux plus grands dangers. Thierry,
médecin-consultant de Louis XV, prétend que la
brimbelle, *vitis Idœa*, pourrait produire le même
effet que l'*uva ursi*.

NOTICE

Sur les différentes Plantes qui peuvent convenir dans la colique néphrétique.

Les plantes qui peuvent convenir dans la colique
néphrétique et la gravelle, sont,

1°. *La carotte sauvage.* On a renouvelé de nos jours, pour la gravelle, l'infusion théiforme de la semence de carotte sauvage. Un curé a assuré dans les nouvelles publiques, s'en être servi avec beaucoup de succès, sur la fin du siècle dernier; nous avons eu quelques exemples de personnes qui s'en sont très-bien trouvées, notamment un habitant de Dammartin, à sept lieues de la capitale ; mais comme la semence de carotte sauvage est de la classe des semences chaudes, il est à craindre qu'elle ne devienne trop irritante dans une maladie où il ne s'agit que d'adoucir et de relâcher.

2°. Les *haricots.* Les cosses ou siliques sèches des haricots, prises en infusion en guise de thé, forment un excellent apéritif propre à évacuer par les urines, les petites pierres et graviers qui en arrêtent souvent le cours. Le docteur Marquet nous a laissé plusieurs observations qui constatent cet effet.

3°. Le *figuier sauvage.* Baglivi, dans sa pratique, donne les feuilles de ce figuier comme un spécifique dans cette maladie.

4°. Le *pissenlit.* Une tisane qui convient dans la gravelle et la colique néphrétique, est le pissenlit; on se sert des racines.

5°. L'*alkekenge.* Personne n'ignore que quatre ou cinq fruits de cette plante écrasés dans une émulsion ordinaire, soulagent les néphrétiques et la gravelle.

6°. Le *petit houx.* L'usage de ses racines est très-utile dans ces maladies ; mais il ne faut pas en donner dans le temps des paroxismes, pour éviter l'inflammation. Quelques auteurs recommandent encore comme un remède très-efficace la décoction de ses feuilles dans du vin, prise à la dose d'un verre le matin à jeun, mais il faut le continuer pendant long-temps;

7°. La *chaussetrappe.* C'est un remède d'un intendant de Montpellier, qui a été publié anciennement avec beaucoup d'éclat. On prend la pre-

3

mière écorce de la racine de chaussetrappe cueillie vers la fin de septembre ; on en fait infuser la dose d'un gros pulvérisée dans une tisane pectorale ; on en fait usage tous les matins à jeun pendant trois jours de suite tous les mois , lorsqu'on est sujet à cette maladie.

8°. Le *pois chiche*. Sa décoction est très-vantée dans la néphrétique ; elle fait jeter, dit-on, aux malades, quantité de glaires, comme si c'étaient des pierres fondues.

9°. La *térébenthine*. C'est peut-être, selon l'expérience que nous avons, un des meilleurs remèdes dans les paroxismes de la colique ; on la lave plusieurs fois avant d'en faire usage ; la dose est d'une once dissoute dans un jaune d'œuf ; on la délaye pour lors dans une décoction apéritive qu'on prescrit pour lavement dans cette maladie. La térébenthine se donne aussi cuite en consistance solide.

10°. Le *parièra brava*, végétal exotique ; on en fait bouillir deux gros dans un demi-setier d'eau, qu'on réduit au quart, et dont on donne une cuillerée dans la colique néphrétique.

11°. L'*imperatoire*. On fait bouillir une poignée de ses racines, fraîchement arrachées, dans deux pintes d'eau, pendant un demi-quart-d'heure ,on en donne la boisson au malade, par cuillerée.

12°. Le *mélilot* et la *camomille*. On prescrit avec succès ces deux plantes dans les bains et demi-bains, pour la néphrétique ; l'infusion des sommités de la seconde, dans de l'eau, prise intérieurement, produit surtout un très-bon effet dans cette maladie.

13°. La *verge d'or*. Presque tous les auteurs se réunissent pour conseiller cette plante dans ces maladies.

14°. Si on en croit Cartheuser, l'*arnica* est un excellent anti-néphrétique. *Voyez* ce que nous en dirons dans la Dissertation que nous publierons à son sujet.

15°. La *guimauve* et le *nénuphar*. Les racines de

ees deux plantes passent pour merveilleuses dans les maladies susdites.

16°. La *violette.* On se sert, dans le cas des maladies des reins et de la néphrétique, des semences de cette plante ; on en pile une once ou une once et demie dans un mortier ; on les délaye peu-à-peu, avec six onces d'eau de chiendent ou de véronique ; on passe ensuite la liqueur, et on y ajoute une once de sirop violat.

17°. La *pariétaire.* Rien n'est plus commun que d'employer cette plante dans les décoctions émollientes et les demi-bains qu'on a coutume de prescrire dans la néphrétique ; celle qu'on recueille dans les montagnes des Vosges, de la Suisse, est supérieure en qualités à celle qui croît dans les lieux bas et les cours ; on la prescrit aussi en infusion théiforme pour cette même maladie, j'en ai fait usage pour moi-même avec succès ; on fait aussi usage de son eau distillée ; nous ne lui connaissons d'autres propriétés que celles que peut avoir l'eau simple : on associe pour lors son eau avec de l'eau de lys, de l'huile d'amandes douces, qui fait l'efficacité de la potion et du sirop de limon.

18°. Le *lys.* On peut dire la même chose de l'eau distillée du lys que de celle de la pariétaire.

19°. Le *lin.* L'eau de lin est excellente dans ces maladies ; on met à cet effet dans une pinte d'eau bouillante une demi-once de sa graine qu'on enveloppe dans un linge fin ; on la laisse aussi infuser simplement, sans la faire bouillir ; on prescrit pour lors cette eau au malade.

20°. *L'ortie puante.* Dans les campagnes, on emploie simplement l'infusion des feuilles et des fleurs de cette plante pour la guérison de la néphrétique.

21°. Le *pavot.* Personne n'ignore que son sirop, auquel on donne communément le nom de sirop de diacode, mêlé avec de l'huile d'amandes douces, fait aussi très-bien dans ce cas ; on concasse encore les têtes de pavot, on en fait bouillir deux ou trois dans une chopine d'eau, et on les incorpore

4

dans les lavemens anodins qu'on prescrit dans
ce cas.

22º. La *doucette*, *la masse*, Si on en croit Simon
Pauli, on peut conseiller cette plante dans des bouillons de veau ou de poulet, pour la néphrétique.

23º. Le *cerisier*. Chomel, connu avantageusement
par la Science pratique et médicinale des végétaux,
dit avoir vu des personnes sujettes à cette maladie
se servir avec succès de l'infusion de noyaux et
d'amandes de cerises, concassés dans du vin blanc;
la dose est de deux douzaines sur trois ou quatre
onces de vin.

24º. Le *pin*. Ses fruits, qui se nomment *pignons*,
peuvent s'employer très-utilement dans les douleurs
de la néphrétique; on en fait des émulsions auxquelles on associe les semences froides; la dose
est depuis une demi-once jusqu'à une once.

25º. *L'arrête bœuf.* Ses racines guérissent encore
la néphrétique et la suppression d'urine, en faisant
écouler le mucilage épais qui séjourne dans les
reins et la vessie; elles se prennent en décoction
ou en tisane.

26º. Le *concombre*. Sa semence entre dans les
émulsions rafraîchissantes dont on fait usage pour
la même maladie.

27º. Le *genest*. Les décoctions de genest ordinaire et de genest d'Espagne sont très-bonnes dans
le même cas.

28º. *L'oignon blanc*. Pour guérir cette maladie,
ou plutôt pour la prévenir, on coupe deux oignons
blancs par tranches, on les fait infuser pendant la
nuit dans une chopine de vin blanc; on passe la
liqueur le lendemain, et on en fait prendre à jeun
au malade, trois jours de suite tous les mois.

29º. *L'olive*. Quelques médecins emploient les
demi-bains d'huile d'olive dans la colique néphrétique, pour faciliter la descente du calcul dans la
vessie.

30º. Le *prunier*. La gomme qui en découle, prise
en poudre ou infusée à la dose de deux ou trois

gros dans une pinte de tisane, convient dans la colique néphrétique.

31°. Le *thalictrum*. Ray assure qu'aux environs d'Yorck, on donne avec succès cette plante aux néphrétiques. Nous ne parlons pas ici du remède de mademoiselle Stephens; comme il entre dans ce remède des substances animales, nous ne devons pas en faire mention ici, cette notice étant destinée uniquement au règne végétal.

32°. Les papiers publics ont annoncé que la passerage sauvage, *lepidium iberis*, est un excellent lithontriptique dans le cas où d'autres remèdes destinés à briser la pierre et à évacuer les graviers ont manqué leurs effets.

DISSERTATION

SUR LE CRESSON DE ROCHE,

La panacée des Alsaciens dans différentes maladies, spécialement dans les obstructions du foie, les maladies de poitrine, et dans les maladies de calcul, de gravier et de colique néphrétique, et sur son analyse chimique.

LE cresson de roche, que Lamarck nomme *dorine*, est, suivant lui, un genre de plante à fleurs incomplètes, qui semble se rapprocher du saxifrage par plusieurs rapports, et qui comprend des herbes à feuilles simples, opposées ou alternes, et à fleurs communément quadrifides, produisant des capsules à deux cornes; le caractère de ce genre, suivant Linné, est d'avoir le perianthe du calice partagé en quatre ou cinq, s'écartant, colorié, persistant, ayant les lobes ovales, les opposés plus arrondis;

on ne remarque point de corolle, à moins qu'on
ne prenne pour elle le calice colorié ; ses filamens
sont au nombre de huit ou de dix, en forme d'a-
lène, élevés, très-courts, posés dans un réceptacle
anguleux ; les anthères sont simples ; le germe du
pystil est inférieur, il se termine en deux styles
en forme d'alène, de la longueur des étamines ;
les stigmates sont obtus ; la capsule est à deux
becs, partagée en deux, à une loge, à une valve,
environnée d'un calice court; les semences sont
nombreuses, très-petites. Cette plante fait partie
de la seconde classe de Tournefort, qui comprend
les plantes monopétales en forme d'entonnoir, de
la première classe du système de Linné, destinée
aux plantes décandriques dyginiques, et de la qua-
torzième classe du système de Jussieu, ordre quatrième des saxifragées. L'étymologie de son nom,
chrysosplenium, est formée de deux mots grecs qui
signifient *or*, *ratte*, c'est-à-dire, plante à fleurs couleur d'or, et propre à guérir les maladies de la
ratte. Linné n'en admet que deux espèces.

La première espèce est le cresson de roche à
feuilles alternes, *Chrysosplenium alterni folium*,
*chrysosplenium foliis alternis. Linn. Syst. plant. edit.
Reichard, t. II, pag.* 307. En français, *Dorine à
feuilles alternes.* En japonais, *Fa-Koli.* Aux environs de Bourmont en Lorraine, *l'herbe de l'Ar-
chamboucher.* La racine de cette espèce est noueuse,
blanchâtre, rampante, garnie de filets capillaires;
sa tige part de la racine, elle est herbacée, rameuse, sur laquelle on remarque des écailles; ses
feuilles sont alternes, arrondies en forme d'oreille,
pétiolées, crénelées, d'un vert luisant, et chargées
de quelques petits poils courts ; les inférieures sont
portées sur de longs pétioles et ont à leur base une
échancrure remarquable ; les fleurs sont jaunâtres,
presque sessiles au sommet de la plante et comme
posées sur les feuilles; la principale fleur de cette
espèce est décandrique, les autres sont octandriques.
Suivant Leers, cette première fleur est fendue pour

l'ordinaire en quatre, octandrique, et selon Mœnich les fleurs sont toujours fendues en cinq. Cette espèce est représentée dans le *Flora Danica*, pl. 366, dans l'Histoire des plantes, par Morison. t. III, sec. 12, pl. 8, pag. 8, et dans notre *Grande collection d'Histoire naturelle*, partie des planches. Elle croît dans les lieux couverts et humides ; on en trouve en France, principalement dans l'Alsace, auprès de Saverne, et dans la Lorraine, auprès de Bourmont, aux environs de Liége, dans la Pologne, en Allemagne, en Suède, en Angleterre et même au Japon, dans les montagnes de Fakonia ; elle forme des touffes bien garnies et d'un beau vert ; elle fleurit en mars et avril ; ses semences sont mûres en mai.

La seconde espèce est le cresson de roche, ou le cresson doré, à feuilles opposées, *chrysosplenium oppositifolium*, *chrysosplenium foliis oppositis*. Lin. *Syst. Plant. edit.* Reichard, *t.* I. *p.* 38.

Cette espèce diffère principalement de la première, par ses feuilles opposées, non échancrées à la base, et dont les pétioles sont plus courts ; ses tiges sont menues, tendres, faibles, souvent couchées, longues de trois ou six pouces, feuillées, et un peu rameuses ; ses feuilles sont pétiolées, opposées, arrondies, et légèrement crénelées dans leur contour ; les fleurs sont fendues en quatre, jaunâtres, portées sur des pétioles très-courts, accompagnées de bractées, et disposées aux sommités de la plante. Suivant Mœnch, la principale fleur est fendue en cinq ; Reichard dit ne s'en être jamais apperçu, quoiqu'il ait examiné plusieurs individus. Cette espèce est représentée dans le *Flora Danica*, pl. 65 ; dans l'*Hort. Roman.* tom. 2, pl. 51 ; dans Lobel, pl. 312 ; dans l'Histoire des Plantes, par Morison, tom. 3, pl. 8, fig. 7, et dans notre grande collection d'Histoire Naturelle, partie des plantes. Elle se trouve en Flandre, en Danemarck, en Angleterre, en Pologne, au Canada, en France, principalement dans l'Auvergne, l'Alsace et la Lor-

raine, Elle est vivace , de même que la précé-
dente, et croît dans les lieux humides et couverts ;
elle se plaît surtout dans les ravins et les rochers ar-
rosés par des ruisseaux. On attribue à cette plante
une vertu vulnéraire , apéritive et détersive ; ses
feuilles ont un goût stiptique et un peu amer ;
on les emploie en décoction, ou plutôt en infusion :
nous en parlerons ci-après.

On cultive rarement le cresson de roche dans
les jardins ; quand on veut l'y élever , on l'y multiplie par racines, qu'on sépare du pied principal ;
on le plante dans un endroit à l'ombre , et on l'ar-
rose plusieurs fois par jour.

On a soutenu , vers le milieu du siècle dernier ,
une thèse sur le cresson de roche, dans la Faculté
de Médecine de Strasbourg. L'auteur de cette thèse
y rapporte l'analyse qu'il en a faite , et on peut dire
qu'elle est exacte. Les feuilles de cresson de roche ,
dit cet auteur, ont une saveur légèrement âcre et
un peu astringente , sans néanmoins avoir aucune
amertume ; ses tiges sont d'une saveur plus douce :
lorsque la plante est desséchée, et qu'on la prend
en infusion , on s'apperçoit beaucoup mieux de sa
saveur ; elle est pour lors même très-agréable , a
un petit goût de moisi qui se dissipe à l'instant ;
quant à l'odeur de cette plante, elle n'en a d'autre
que celle d'herbacée. Pour m'assurer plus particulièrement de ses vertus , continue l'auteur de
cette thèse , je ne m'en suis pas tenu uniquement
à son odeur et à sa saveur, mais j'ai encore fait
sur elle diverses expériences ; j'ai d'abord com-
mencé par en faire sécher seize onces ; quand elles
l'ont été suffisamment , elles se sont trouvées réduites à deux et demie ; cependant il s'en man-
quait beaucoup que la plante fût desséchée au
point de pouvoir se pulvériser. J'ai pris encore
cent vingt onces de la même plante ; j'en ai
exprimé le suc, et j'en ai eu soixante-douze onces ;
ce suc était d'une saveur salée , et néanmoins dou-
ceâtre. J'ai fait dessécher le marc , et je l'ai en-

suite pesé, il ne pesait plus que six onces ; j'ai
fait consommer par le feu le marc, et j'ai fait bouillir les cendres que j'en ai tirées, avec de l'eau ;
elles m'ont fourni, par la lixiviation, quatre scrupules de sel alkali fixe ; ce qui m'est resté de ces
différens poids n'était plus, suivant le langage
des chimistes, qu'une simple terre morte.

Par toutes ces différentes expériences on doit
nécessairement conclure que le cresson de roche
contient beaucoup de terre et d'eau, et qu'il renferme pareillement un acide et un principe inflam-
mable ; c'est de l'aveu de tous les chimistes, de
ces deux derniers principes, que se forme le sel
alkali fixe. Cette conséquence est d'autant plus
vraie, qu'elle se trouve même confirmée par la
distillation qui a été faite de toute la plante. J'ai
pris pour cette distillation, c'est toujours notre auteur qui parle, douze onces de suc exprimé de
cresson de roche ; je n'ai augmenté le feu, pour
le procédé, que par degrés ; j'en ai tiré d'abord
une très-grande quantité d'eau amère, insipide,
qui n'avait d'autre odeur que celle qui est commune
à toutes les eaux qu'on tire des sucs par la distillation ; il m'est ensuite venu une liqueur d'une saveur légère, à la quantité environ d'une once.
Cette liqueur était un peu empyreumatique ; elle
devint verdâtre par son mélange avec les sucs bleus
des végétaux, et lorsque je l'ai associée avec de l'alkali fixe, elle exhala une odeur très-forte ; mise en
poudre avec l'acide nitreux, elle répandit une fumée
blanchâtre : à cette liqueur en succéda, par la distillation, une autre qui était on ne peut plus
empyreumatique, mais qui n'a pas changé, par
son mélange, la couleur du sirop de violettes ; cette
même liqueur n'est pas non plus entré en effer-
vescence avec l'acide nitreux : j'ai seulement observé qu'il lui surnageait quelques gouttes d'une
huile brune très-épaisse ; ce qui resta dans la cu-
curbite, après la distillation, était d'une saveur

évidemment salée, et par le moyen de la lixiviation, j'en obtins un gros et demi de sel alkali fixe.

Notre auteur a encore poussé plus loin ses expériences. J'ai, dit-il, versé sur quatre gros de cresson de roche autant d'esprit-de-vin qu'il en faut pour
en pouvoir extraire la teinture ; celle que j'en ai ob-
tenue par ce moyen, était on ne peut pas plus verte,
et n'avait néanmoins d'autre saveur ni odeur, que
celles qui se trouvent propres à l'esprit-de-vin. J'ai
laissé évaporer cette teinture, il en est resté quarante-huit grains d'une résine verdâtre, qui était
presque totalement dénuée de saveur, et suscep-
tible de l'humidité de l'air. Quant au résidu de la
plante, qui s'est trouvé après en avoir tiré la teinture à l'esprit-de-vin, j'ai versé de l'eau par-dessus ;
je l'ai renouvelée, en la faisant encore bouillir
autant de fois qu'il fallait pour qu'elle ne fût plus
teinte, et qu'elle n'eût plus aucune saveur ; j'ai
fait ensuite évaporer toutes les différentes teintures
aqueuses à un feu lent, ce qui m'a pour lors
donné 41 grains d'un extrait aqueux, connu, en
termes de l'art, sous le nom de secondaire. Ce procédé fini, j'ai passé à un autre ; j'ai pris une demi-
once de cresson de roche desséché, j'ai mis de l'eau
par-dessus, de la même façon que précédemment,
pour en tirer une teinture aqueuse ; celle que j'en
obtins pour lors, était d'une couleur brune, et d'une
saveur spécialement propre à la plante ; j'ai fait
évaporer cette teinture en l'exposant sur le feu,
il m'est resté cent cinq grains d'un extrait aqueux ; j'ai
versé sur le résidu de la plante qui a servi à la
teinture, de l'esprit-de-vin, et l'extrait résineux que
j'en ai pour lors obtenu, se trouve en plus petite
quantité que dans le procédé précédent ; ce qui
démontre invinciblement que l'eau est le vrai menstrue de cette plante.

J'ai encore réduit par la cuisson, en consistance
de gelée, seize onces exprimées de suc de cresson
de roche ; je l'ai ensuite mis en digestion avec de
l'esprit-de-vin ; j'en ai tiré dix grains de sel essen-

tiel, et il restait adhérent à ce sel une espèce de substance résineuse, dont il est encore teint. Cette substance résineuse n'a pu jamais se dissoudre dans l'eau simple, ni même dans l'eau de chaux; d'où l'on peut conclure, que l'acide se trouve dans le cresson de roche, sous deux formes différentes: une partie est unie avec l'huile, et prend la forme de résine; l'autre est développée, et se trouve dispersée dans tout le suc de la plante. De tous ces différens procédés, on peut conclure que l'extrait aqueux de cette plante est de beaucoup plus abondant que son extrait spiritueux. Ce premier est même le seul qui en conserve la saveur, l'eau est conséquemment le vrai menstrue qui lui convient. L'huile que contient le cresson de roche, devient résine par le moyen de l'acide avec lequel elle est unie; c'est ce qui résulte encore des procédés ci-dessus. L'extrait aqueux qu'on obtient par une première teinture, pèse beaucoup plus que l'extrait gommeux, qu'on ne se procure que secondairement, comme il conste encore par les expériences précédentes; par conséquent, il y a dans le cresson de roche quelque substance savonneuse, adhérente à la résine, car on appelle *savon* ce qui rend la résine soluble dans l'eau; le savon pur, il est vrai, se dissoudra dans l'esprit-de-vin, mais en très-petite quantité. Le cresson de roche contient donc, suivant les différens procédés chimiques, une gomme-résine, dissoute dans beaucoup de flegmes, avec beaucoup de particules terrestres, et unie en même temps à une espèce de sel essentiel. La nature de cette plante connue, il est facile d'en découvrir les vertus; par l'abondance du flegme qu'elle contient, elle est propre pour relâcher les solides, diviser les fluides, et faciliter les différentes excrétions aqueuses; l'expérience l'a aussi toujours démontré, mais ce ne sont pas là toutes ses propriétés. Personne n'ignore que les gommes résineuses sont les meilleurs savonneux; elles conviennent non-seulement pour dissoudre les matières visqueuses qui se trouvent adhérentes aux premières voies, mais encore pour les évacuer. Elles produisent aussi de grands effets dans les maladies aiguës et chroniques ; mais comme le cresson de roche contient, suivant son analyse chimique, une gomme-résine, il doit être très-bien indiqué dans tous les cas où l'on prescrit ces espèces de remèdes : son usage est même pour lors beaucoup plus sûr que celui des différentes gommes-résines que nous tirons des Indes, et qui souvent, au lieu de produire l'effet que nous en attendons, ne font qu'augmenter la maladie. Le flegme qui se trouve dans le cresson de roche, uni avec la résine, ne contribue pas peu à le rendre résolutif, atténuant, abstersif et apéritif. Les parties terreuses qui se rencontrent aussi dans cette plante, lui donnent encore d'autres vertus ; suivant les principes de l'art, toute substance terrestre qui s'introduit dans notre corps, et qui s'incorpore à ses différentes parties solides, donne de la force à ces parties : c'est donc par cette raison, qu'on peut dire que le cresson de roche est doué d'une vertu roborative, la saveur même de la plante fait assez connaître cette qualité ; aussi la place-t-on dans la classe des remèdes toniques et roboratifs ; elle est par conséquent très-bien indiquée dans toutes les maladies où il faut employer les toniques, et c'est en cette qualité de tonique, qu'on lui a attribué une vertu apéritive.

Mais il ne suffit pas d'exposer les vertus du cresson de roche, par la simple considération des principes dont il est composé, il faut encore que l'expérience certaine nous guide ; c'est même la seule à laquelle nous devons nous rapporter, pourvu néanmoins qu'elle se trouve appuyée sur la raison ; mais l'expérience journalière nous confirme les vertus de cette plante. On l'emploie par toute l'Alsace, avec succès, dans les différentes maladies indiquées ci-dessus ; la plupart des praticiens la vantent surtout beaucoup dans le calcul ; et en effet, qu'y a-t-il de meilleur pour cette maladie, qu'un

médicament

médicament tout-à-la-fois abstersif et détersif, propre à prévenir la formation de la matière calculeuse et à empêcher que son volume augmente ? L'usage de l'infusion théiforme de ses feuilles nous a fait rendre en quantité de petites pierres et des graviers. Tous les auteurs se réunissent pour conseiller cette plante dans les obstructions du foie et dans les différentes maladies qui en sont les suites; et en effet, par des principes qu'elle contient, elle est très-propre pour donner de la fluidité aux humeurs qui sont trop épaisses, et en même temps pour donner du ton aux viscères du bas-ventre, et ce sont là les vraies indications qui conviennent dans les susdites maladies. Mais on n'est pas seulement dans l'habitude de prescrire, en Alsace, cette plante contre les obstructions, on l'ordonne encore avec succès dans les différentes maladies de poitrine; elle donne du ton aux poumons, elle divise la matière muqueuse, elle détache les ulcères, les consolide; elle convient même, suivant les habitans de cette province, dans les pleurésies : les villageois des environs de Saverne, de Philisbourg, de la Marche, de Bourmont, ne se servent presque d'aucun autre remède dans la plupart de leurs maladies; nous en avons été témoins plusieurs fois, en herborisant dans ces cantons; c'est ce qui nous a engagés, en 1769 et 1770, à en introduire l'usage à Paris; et en effet, tous ceux qui en ont usé s'en sont très-bien trouvés et même sont parvenus aux années de Nestor, et aucun n'en a ressenti de mauvais effets. Le simple usage du cresson de roche guérit presque toutes les pleurésies qui règnent dans l'Alsace, sans même recourir aux saignées.

Errha lui attribue une vertu vulnéraire; elle convient, suivant lui, dans toutes les plaies légères, tant externes qu'internes; et en effet, qui peut disputer cette qualité aux médicamens abstersifs et légérement astringens, tels que le cresson de roche? Quelques praticiens le recommandent encore dans la suppression menstruelle; cette ma-

D

ladie n'est occasionnée que par l'épaississement
des humeurs, ou par la faiblesse des vaisseaux
de l'uterus, ou par un vice de la circulation par
la veine-porte; or dans ces différens cas, quel
meilleur remède peut-on trouver que cette plante?
elle n'a d'ailleurs aucune acrimonie, comme quelques personnes ont osé l'avancer injustement. La
vraie façon d'en faire usage est en infusion théiforme; la dose est d'une pincée par tasse.

Comme cette plante ne se trouve pas aux environs de Paris, les herboristes y subtituent la
cymbalaire, dont les effets ne sont pas les mêmes :
on ne peut assez sévir contre de pareils impudens.
Gilibert rapporte qu'un homme vomit jusqu'au sang,
pour avoir mangé une petite salade de cresson
de roche; sans doute que quelqu'animal immonde
avait passé sur cette plante, sans quoi elle n'aurait pas produit ce mauvais effet.

Schwensfeld assure que les vaches qui s'en
nourrissent, donnent du beurre beaucoup plus jaune;
d'ailleurs elles en sont très-friandes.

DISSERTATION

SUR LA DOUCE-AMÈRE

Et sur ses propriétés médicinales,

Principalement pour les dartres et les maladies de la peau.

Parmi les différens solanums, la douce-amère est un des plus utiles dans la médecine ; elle se nomme, chez les botanistes, *solanum dulca mara, solanum caule inermi, frutescente flexuoso . foliis superioribus hastatis, racemis cymosis.* Lin. *Syst. Plant. edit.* Reich. *t.* 1. *p.* 511 ; *solanum scandens, seu dulca mara.* Bauh. *pin.* 167 : en français, la morelle grimpante, la loque, la vigne de Judée. Sa racine est petite et fibreuse ; ses branches sont grêles, longues de cinq à six pieds, et grimpent sur les haies ou sur les arbrisseaux. Dans les jeunes branches, l'écorce est verte; dans les vieilles, elle est gercée et cendrée, et d'un goût amer. Son bois renferme une moëlle fongueuse et cassante. Ses feuilles sont oblongues, lisses, pointues, et rangées alternativement le long des branches, assez semblables à celles de la morelle ordinaire, de couleur vert-brun, d'une saveur fade et d'une odeur narcotique. Ses fleurs sont petites, et naissent en bouquets, d'une odeur disgracieuse; mais elles sont assez agréables à la vue; chacune d'elles est une rosette découpée en cinq parties. A ces fleurs succèdent des baies ovales, molles, succulentes, rougeâtres, visqueuses, d'une saveur vineuse, et contenant plusieurs semences applaties et blanchâtres. Cette plante est vivace, et croît naturel-

2

lement dans les endroits humides, les haies et les
buissons. On en voit aux environs de Paris, d'Aix,
de Lyon, dans la Bourgogne, l'Alsace et ailleurs.
Elle est représentée dans notre grande *Collection
d'Histoire Naturelle*, partie des planches.

Elle est diurétique, dissout le sang extravasé et
grumelé dans les viscères, et purge quelquefois
violemment par les selles et les urines, qu'elle rend
noires. J. Ray rapporte que le cataplasme fait avec
les feuilles de cette plante et la semence de lin
bouillie dans du vin muscat, est excellent pour résoudre toutes sortes de tumeurs, et pour dissiper
les contusions. Selizius dit aussi que cette plante,
pillée et appliquée en cataplasme sur les tumeurs
des mamelles qui proviennent de l'épaississement
du lait, les résout facilement.

Les dames de Toscane employaient autrefois le
suc des graines de la douce-amère, pour se farder
et enlever les taches du visage. Cette plante peut
servir, en la palissant, à garnir les bas des tonnelles et des petits murs de terrasses ; elle donne
en été une quantité de petites fleurs violettes ou
blanches, très-jolies et rassemblées en aigrettes,
d'une forme agréable; en automne, ses fruits rouges
forment un coup-d'œil admirable.

On vient de découvrir dans cette plante une nouvelle propriété infiniment plus intéressante que
toutes celles qu'on lui a attribuées jusqu'à présent.
Linné est le premier qui a fait cette découverte,
comme il paraît par une des thèses qu'il a fait soutenir, en 1752, dans la Faculté de Médecine
d'Upsal ; et M. Razout, médecin à Nîmes, est
aussi le premier qui en ait fait usage en France :
ce sont des observations très-importantes ; la première est consignée dans les Mémoires de l'Aca-
démie 1762 ; nous ne ferons mention ici que de
celle-ci, les autres sont détaillées dans le Journal
de Médecine de 1765.

Mademoiselle ***, âgée de vingt-deux ans, dit
M. Razoux, dans ses premières observations, ne

jouissait pas depuis quelque temps d'une santé parfaite, elle maigrissait tous les jours, souffrait de
temps en temps des douleurs vagues aux articulations; il lui survenait des lassitudes spontanées;
elle était sujette à des fluxions aux dents et au
visage, à des catarres, etc. Au mois de mai 1758,
elle fut attaquée d'une toux continuelle, jointe à
un mal de gorge violent, et à une fièvre aiguë qui
redoublait tous les soirs. Cet état alarmait avec
raison; cependant cet état, qui n'était que le pré-
lude des maux auxquels elle allait être exposée,
céda au traitement méthodique et au lait de chèvre
que prescrivit Razoux. La malade se remit assez
bien, et aux lassitudes douloureuses près, qui se
firent sentir de temps en temps, elle jouit, au
moins en apparence, d'une assez bonne santé jusqu'au printemps de l'année suivante 1759, que le
mal se déclara dans toute sa force, et que Razout
fut appelé pour la secourir. Voici l'état dans lequel
il la trouva: elle avait un chancre scorbutique des
plus malins à la lèvre supérieure; les bords en
étaient blancs, calleux et même carcinomateux; la
sanie ou liqueur ichoreuse qui en coulait, était très-
fétide, et la lèvre avait plus d'un pouce d'épaisseur.
Un second chancre occupait la lèvre inférieure;
il était de la même nature que le premier, mais
moins considérable; les gencives étaient mollasses,
pâles, quelque peu livides et saignantes, trois dents
s'étaient détachées presque d'elles-mêmes de leurs
alvéoles; il y avait plusieurs ulcères dans la bouche et au gosier; l'habitude du corps était parsemée
de taches violettes, rouges et brunes. La malade
avait une petite fièvre qui redoublait tous les soirs,
et le redoublement était marqué par un frisson
assez fort.

Tel était l'état de la malade, lorsque je fus appelé: bientôt les douleurs violentes se firent sentir,
comme elle le disait elle-même, dans la moëlle des
os, et parvinrent au point de la rendre entièrement percluse. Il parut des exostoses à la croûte

3

du tibia et à la partie moyenne de l'avant-bras ;
de l'un et de l'autre côté : elles égalèrent en grosseur une demi-coque de noix , et la partie où elles
se montraient devint d'une sensibilité sans égale ,
quoiqu'elle ne parût pas avoir changé de couleur.
Le sang était totalement infecté , du moins il parut
tel dans deux saignées que je fis faire par com-
plaisance pour la malade qui croyait en recevoir
du soulagement. On ne voyait dans la palette qu'une
pellicule épaisse de quelques lignes, et d'un violet
très-foncé, nageant dans une sérosité claire et
tenace.

Les remèdes les plus efficaces en pareil cas
furent employés : sirops acidulés, minoratifs, es-
prit-de-cochléaria, petit-lait altéré avec le cresson ,
tout fut mis en usage ; j'essayai même les frictions
mercurielles qui ne firent qu'augmenter le mal.
J'attaquai les exostoses avec la pommade mercurielle ; je fis panser les chancres avec les digestifs
animés , le basilicum imprégné des différentes teintures fortes et le baume vert. Je faisais employer
le précipité pour dissiper les chairs baveuses ; je
faisais faire usage pour les gencives et pour les
ulcères de la bouche , du collyre de Lanfranc.
Malgré tous ces remèdes, si naturellement indiqués,
le mal augmentait toujours, et la malade en était
venue au point de n'avoir de repos ni jour ni nuit,
sans que le sirop de pavot et les autres narcotiques
qu'on lui indiquait, puissent lui en procurer : l'état
dans lequel elle était pour lors , paraissait le dernier période de sa maladie ; et en effet, on ne
pouvait guères en imaginer un plus triste , ni un
plus désespéré. Ce fut dans ces circonstances que
Sauvage, qui se trouvait pour lors à Nîmes , me
conseilla d'employer la simple décoction du *solanum
scandens* , ou *dulca mara* , qui lui avait été indiquée
par Linné, comme un spécifique contre ces sortes
de maladies scorbutiques; j'eus beaucoup de peine
à y faire consentir les parens de la malade, parce
qu'on leur avait insinué que cette plante était un

violent poison. Cependant je vins à bout de les dé-
terminer , et la malade commença à en faire usage
le 9 juillet , d'abord en très-petite dose, et ensuite
en augmentant peu à peu.

Les premiers essais ne furent pas fort heureux,
ses douleurs dans les extrémités devinrent exces-
sives et insupportables; il s'y joignit des élancemens si vifs dans la tête , que la malade disait qu'il
semblait qu'on lui arrachait les yeux : en effet, ces
élancemens augmentèrent les quinze premiers jours
à un tel point, que les yeux se troublèrent, devinrent vitrés , c'est-à-dire , demi-opaques et bleuâ-
tres , et qu'elle perdit absolument la vue. Je ne me
décourageai point par ce mauvais succès , je fis
continuer le remède avec beaucoup de soin, et
j'eus enfin la satisfaction de voir, dès les premiers
jours d'août, une diminution bien marquée des
symptômes de la maladie; les douleurs diminuè-
rent, les chancres donnèrent une bonne suppuration, les vésicatoires coulèrent abondamment,
les élancemens de tête furent moins vifs et moins
fréquens , les yeux reprirent leur couleur naturelle
et leurs fonctions, les ulcères se cicatrisèrent, les
taches disparurent aussi bien que la fièvre, l'estomac se rétablit, et la malade revint peu à peu
aux alimens solides qu'elle n'avait pu soutenir depuis long-temps. L'usage du *solanum*, continué jusqu'à la fin de septembre, fit insensiblement dis-
paraître les exostoses; les douleurs s'évanouirent,
le sommeil naturel revint, les chancres et les ulcères se guérirent totalement, les gencives reprirent
leur fermeté et leur couleur naturelle; enfin la
malade passa d'un état presque désespéré à une
entière guérison, sans d'autre remède que le *solanum dulca mara*, si ce n'est que lorsqu'elle en cessa
l'usage, je lui substituai le lait d'ânesse pendant
quelque temps; et ce qui est digne de remarque,
c'est qu'il n'est survenu aucun inconvénient pendant
l'usage de ce remède; il n'a produit ni vertige fâ-
cheux, ni ardeur du gosier, ni aucun autre symp-

4

tôme dangereux; il n'a occasionné aucune évacuation
ni par les selles, ni par les urines, ni par les sueurs;
un jour seulement la dose du remède ayant été
mal-à-propos augmentée, la malade ressentit une
douleur dans l'estomac, qui fut suivie de nausées
et de vomissemens; aussi elle en fut quitte pour
cesser l'usage du remède pendant vingt-quatre
heures, et tous les accidens disparurent. La personne dont il s'agit, dit Razoux, et qui était dans
l'état le plus triste et le plus déplorable lorsqu'elle
se servit de la douce amère, jouit d'une meilleure
santé aujourd'hui, qu'elle n'avait avant l'époque
de cette observation: elle s'est mariée, il y a environ
deux ans, et est accouchée depuis peu d'un enfant
bien constitué (1765).

Quoique la douce-amère soit ligneuse, elle s'étend
trop en longueur pour pouvoir être supportée par une
tige aussi mince et aussi fragile que la sienne; aussi
rampe-t-elle sur la terre, ou s'accroche-t-elle aux
buissons qu'elle rencontre. Les rejetons les plus vieux
de cette plante sont couverts d'une écorce de couleur
brune-pâle, mais les plus jeunes ont l'écorce verte.
Les feuilles varient suivant les différentes parties
de la plante: celles d'en-bas ont à leur base deux
appendices semblables à de petites feuilles; au contraire, celles d'en-haut sont simples, d'ailleurs elles
sont oblongues, médiocrement larges et pointues,
de même que la plus grande partie de celles qui
répondent au bas de la tige; leurs pédicules sont
longs, tendres, et d'une couleur pâle qui n'est pas
désagréable. Les fleurs sont disposées en grappes,
comme dans le *solanum* commun, et leur ressem-
blent pour la forme, mais leur couleur est d'un
bleu tirant sur le violet; elles ont dans leur milieu
un bouton jaune, composé de l'union des étamines qui surmontent les cinq filamens: la corolle de ces fleurs est petite, dentelée, et partagée en cinq parties étroites, qui paraissent former
cinq pétales différens; le pédicule qui leur est commun, est tendre et long; chaque fleur en a aussi

un qui lui est particulier, et dont la longueur est
assez considérable. Les grappes des fleurs sont disposées d'une manière fort agréable à la vue, chaque
fleur est suivie d'une baie oblongue et de couleur
rouge quand elle est parvenue à sa maturité. Le
calice reste avec les baies, et conserve sa grandeur
naturelle : cette plante se multiplie aisément par dra-
geons enracinés, qui se trouvent au bas des gros
pieds. On en fait encore des marcottes et des boutures,
on les sevre au printemps pour les planter dans
un terrein humide; elles s'y enracinent fort vîte,
après quoi on les transporte aux endroits où on
les destine, elles réussissent dans presque toutes
sortes de terres. J'ai vu des boutures de douce-
amère dans des carafes d'eau que l'on tenait dans
une chambre; elles y poussent des feuilles et des
branches, et conservent long-temps leur verdure.

Nous connaissons différentes variétés de la
plante; les unes ont des feuilles panachées, d'autres
ont des fleurs doubles, et quelques-unes des fruits
jaunes, quoique d'ordinaire ils soient rouges : les
jardiniers font souvent usage de la douce-amère
pour garnir le bas des tonnelles et des petits murs
de terrasse; comme elle est sarmenteuse, ils la
palissent; ses fleurs et ses fruits plaisent à la vue,
ils font parconséquent très-bien dans les remises,
tant en été qu'en automne. La douce-amère dont
les feuilles sont panachées, a un mérite de plus que
la commune, pour les remises. On connaît dans
les jardins cette plante, plutôt sous le nom de
vigne de Judée, de *morelle grimpante*, de *loque*,
que sous celui dont je me suis servi jusqu'à présent pour la désigner.

Les chimistes ont analysé la douce-amère, ils
en ont presque tiré les mêmes principes que de la
morelle vulgaire; ses feuilles rougissent à peine le
papier bleu, elles ont une saveur fade et une odeur
narcotique, mais son fruit a une saveur vineuse
et rougit fort le papier bleu; cette plante contient un sel ammoniac, qui, dans les plantes, est

enveloppé de beaucoup de soufre grossier et narcotique; mais dans les fruits, la partie acide se
trouve plus développée; aussi les fruits sont plus
rafraîchissans et répercussifs, et les feuilles sont
plus résolutives et détersives.

Suivant Geoffroy, la douce-amère, prise intérieurement, est très-efficace pour résoudre les
obstructions du foie et de la ratte; on dit qu'elle
est aussi diurétique, et qu'elle est conséquemment
utile dans l'hydropisie. Quelques auteurs prétendent
que son suc convient à ceux qui sont tombés d'un
lieu élevé; il dissout, à ce qu'on croit, le sang
grumelé dans les viscères, et procure la guérison
des parties blessées. Nous avons un remède plus
sûr que celui-ci en pareil cas, c'est la fleur d'arnica. Lecamus, médecin de Paris, m'a dit l'avoir
employé avec succès dans un mal de tête qui était
la suite d'un coup violent; il l'a même annoncé
dans son Traité de Médecine-pratique.

Parkinson dit que toutes les fois qu'il a donné
la douce-amère par ordonnance de médecins, il
a reconnu qu'elle purgeait violemment. Prevost,
dans son Traité de la Médecine des pauvres, attribue à la décoction des baies de la morelle grimpante le premier rang parmi les remèdes qui éva-
cuent la bile. Tragus conseillait cette décoction
dans la jaunisse, surtout dans celle qui était in-
vétérée. Voici la formule sous laquelle on la prescrivait, et qui se trouve dans la Matière médicale
de Geoffroy.

Prenez bois de morelle coupé par morceaux
semblables à des dez à jouer, mettez-le dans un
pot de terre neuf, avec une pinte de vin blanc;
couvrez bien le pot avec son couvercle, percé
d'un trou au milieu, et lutez avec de la pâte;
faites bouillir à un feu doux, jusqu'à réduction
au tiers. Cette liqueur, dont on prend un verre
ordinaire le matin avant son lever et le soir en
se couchant, chasse doucement la cause de la

jaunisse, en faisant passer par les selles et les urines la bile visqueuse.

Une autre formule où entre cette plante, et que rapporte encore Geoffroy, est l'infusion vulnéraire suivante :

Prenez tiges vertes de morelle grimpante coupées, quatre onces; cochenille, un scrupule; vin blanc, deux livres ; infusez pendant la nuit sur la cendre chaude ; ajoutez à la colature sirop de lierre terrestre, quatre onces; thériaque, une demi-once; la dose est de quatre onces, deux ou trois fois le jour.

Fuller recommande d'une manière singulière cette infusion dans les chutes d'un lieu élevé et dans les contusions; elle dissout merveilleusement, selon lui, le sang extravasé et grumelé; elle le fait rentrer et circuler dans les grands vaisseaux, et elle le chasse en partie par la transpiration, par les urines, et quelquefois par les selles. Elle opère si puissamment et d'une manière si spécifique, que quelquefois, ajoute cet auteur, j'ai remarqué avec étonnement qu'elle rend l'urine extrèmement noire, à cause des grumeaux qui y sont dissous et mêlés avec la sérosité.

Leclerc, dans son Histoire de l'Homme, rapporte que Warlhoff s'est bien trouvé de la douce-amère dans l'ulcère des poumons, autre propriété de cette plante, qui est aussi très-importante. Pourquoi ne pas éprouver ce remède, ajoute Leclerc ? Warlhoff faisait bouillir une demi-once de la tige de morelle grimpante dans trois livres d'eau réduites à une ; il y ajoutait un peu de sucre, et il en faisait prendre au malade deux cuillerées à bouche, de deux heures en deux heures. On pourrait, dit Leclerc, se servir, dans pareil cas, de la douce-amère sous la formule suivante :

Prenez deux gros de tige de douce-amère découpée et légérement concassée; faites infuser pendant une demi-heure, dans une suffisante quantité d'eau chaude; ensuite, au moment de l'ébullition, passez

la liqueur, ajoutez à une livre et demie de la colature, de l'oximel simple et du sirop de fleurs de pavot, de chacun une once ; donnez-en au malade, de
trois en trois heures, deux ou trois onces.

Feu M. Sauvage, médecin de Montpellier, est
le premier Français qui a fait reparaître la douce-
amère parmi les plantes médicinales et usuelles.

Pour ne rien laisser à desirer sur cette plante,
nous rapporterons les propres termes du savant
botaniste suédois à son sujet ; ce qu'il dit se trouve
consigné dans une thèse intitulée : *Obstacula me-
dicinæ. Stirpium dulcæ maræ*, lit-on dans cette
thèse, *vis sanguinem mundificandi latuit usquequò
D. præses ejus declararet præstantiam. Anteà enim
pharmacopolæ solani annui herbam vel dulcæ maræ
folia exhibuere, hujus autem vires egregias per-
cepére pani, cum ferè infra justam dosim adhuc
subsiterimus.* Ce même botaniste a proposé, dans
une autre Dissertation, l'extrait de *dulca mara*,
qu'on n'avait ordonné auparavant qu'en décoction. En 1742, Barthelemi Scholbinger a fait im-
primer à Heidelberg une excellente Dissertation
sur les vertus du *dulca mara*, pris intérieurement. Durande, professeur de botanique à Dijon,
à fait encore mention de cette plante dans son
Discours d'inauguration.

Depuis quelques années, les médecins de Ge-
nève en ont singulièrement accrédité l'usage dans
différentes maladies chroniques, même les plus
rebelles et les plus invétérées, telles que les anciens ulcères aux jambes ; ils l'ont adapté même
le plus souvent aux affections rhumatismales, dans
lesquelles ce remède paraît avoir eu les meilleurs
effets. Ils font bouillir une demi-once du bois de
la plante dans quatre livres d'eau, jusqu'à réduction
de deux livres, et ils font prendre cette quantité au
malade, dans l'espace de vingt-quatre heures ; ils
augmentent par degrés la proportion du *solanum*,
jusqu'à deux onces : on dit qu'entre les mains de
ces médecins, ce remède a opéré des cures merveilleuses.

Fouquet, de Montpellier, s'en sert souvent dans l'hôpital dont il est médecin; il prescrit les tiges fraîches de la plante, dépouillées de feuilles, fleurs, etc., un gros ou deux, selon les circonstances; après les avoir un peu contusées, il veut qu'on les fasse bouillir dans environ seize onces d'eau de fontaine, jusqu'à réduction de la moitié. Il emploie cette décoction dans plusieurs cas de scorbut, d'éruption et de maladies de la peau, principalement de dartres, de maladies vénériennes rebelles, et même dans quelques maladies de poitrine. A l'hôpital militaire de Montpellier, les vénériens, les écrouelleux, et en général tous les soldats attaqués de maladies chroniques, ne prennent presque pas d'autre boisson; ils en avalent quelquefois des brocs pleins dans la journée, ce qui ne peut être que l'effet d'une tradition favorable à ce remède.

Mais les propriétés de la douce-amère ne se terminent pas à l'usage intérieur, elles s'étendent encore à l'extérieur. Cette plante, appliquée extérieurement, est douée d'une vertu anodine et résolutive des mieux constatées. Salizius dit que si on la pile et si on l'applique en cataplasme, elle adoucit les douleurs des mamelles, amollit les duretés et dissout le lait qui y est grumelé. J. Ray rapporte que le cataplasme fait avec quatre poignées de feuilles de douce-amère et quatre onces de graines de lin en poudre, bouillies dans du vin muscat de Candie, ou avec du lard, et appliqué tout chaud, a résout dans une nuit des tumeurs de la grosseur d'une tête, et a guéri des contusions de muscles désespérées.

Les auteurs des Essais botaniques et pharmaceutiques, Coste et Willemette, disent que leur étant arrivé quelquefois, en herborisant, des écorchures ou des blessures légères, ils s'en étaient guéris à l'instant, par le moyen de quelques feuilles de douce-amère contuses et appliquées sur le mal. Carrère a lu dans une séance publique de la ci-devant Société royale de Médecine, une Dissertation sur la douce-amère, qui a été imprimée dans le temps.

Nous allons rapporter actuellement les différens auteurs qui ont écrit sur cette plante.

1°. Tragus, mort en 1554, vante, dans son Histoire des Plantes, la douce-amère contre la jaunisse.

2°. Lobel, environ un siècle après, recommande la décoction de la tige ligneuse de cette plante contre l'hydropisie ; il emploie aussi le suc des feuilles à l'extérieur, pour les cancers et les inflammations.

3°. Welsch, médecin allemand, mort en 1677, prescrivait la douce-amère comme le premier dépuratif du sang, très-propre à en adoucir l'acrimonie ; il l'égalait à cet effet, en vertu, à la squine et à la salsepareille. Les observations qu'il a composées à ce sujet sont consignées dans les Ephémérides des Curieux de la nature. cent. 3, années 4 et 5 ; elle sont intitulées *mictomimematum*.

4°. Hermann, dans son *Cynosura*. prétend que la douce-amère est puissamment anodine, résolutive, détersive, digestive, vermifuge, fébrifuge, émolliente, qu'elle doit être recommandée pour les hernies ; qu'étant prise en décoction, dans l'eau ou le vin, elle convient pour les obstructions du foie et de la rate, pour dissoudre le sang grumelé, exciter les mois, les urines ; contre l'asthme et la toux ; que l'herbe pilée et appliquée sur les mamelles, en adoucit les douleurs, fait dissoudre les duretés et délaye le sang coagulé.

5°. Blair, médecin anglais, rapporte que l'infusion de la tige de la douce-amère est admirable dans la pleurésie et la péripneumonie muqueuse.

6°. Le grand Boerhaave assure que le suc de la douce-amère est très-pénétrant, savonneux, détersif, qu'il convient contre le sang extravasé ou coagulé à la suite des chutes et des coups ; qu'il est d'ailleurs diurétique, sudorifique, expulse le sable des reins ; qu'employé en lotion, c'est un excellent remède contre le cancer ; mêlé avec de l'esprit-de-vin rectifié, il convient pour lors contre les érysipèles et contre les maladies cutanées; que sa décoction est dépurative, atténuante, divise le sang épais; qu'elle convient contre la pulmonie et les inflammations; que la boisson préparée avec la douce-amère et la réglisse est souveraine contre les maladies de poitrine et toutes celles qui proviennent des obstructions; que l'usage interne et externe de cette plante est salutaire pour le scorbut, la vérole et les ulcères; et enfin qu'appliquée en topique, elle calme les douleurs vives de la goutte.

7°. Prevost, dans sa Pharmacopée des pauvres, ordonne la décoction d'une ou de deux onces de tige ligneuse de douce-amère pour purger.

8°. Lewis recommande les parties de cette plante comme des médicamens propres à dissiper les obstructions, rendre fluide le sang coagulé, et dit, d'après les autres, qu'elles occasionnent communément une évacuation considérable, soit par les sueurs, soit par les urines ou par les selles, et surtout par les dernières.

9°. Hamnerin, médecin suédois, assure, dans un ouvrage qu'il a publié à Upsal, en 1737, sur les vertus médicinales de plusieurs plantes indigènes, que l'infusion de l'herbe de douce-amère lui a constamment réussi pour guérir les rhumatismes vagues.

10°. Buchwald, médecin, vante le même remède contre les maladies arthritiques.

11°. Hill, naturaliste anglais, dit dans son Herbier britannique, que la douce-amère est diurétique, qu'on peut en user pour combattre la jaunisse, l'asthme et les rhumatismes.

12°. Crantz range la douce-amère dans la classe des venins stupéfians de sa *Matière médicale*; et croit que c'est un grand savonneux, mondifiant et diurétique.

13°. Le baron de Haller, dans son excellente Histoire des plantes indigènes de la Suisse, rapporte différentes propriétés de cette plante; d'après plusieurs auteurs que nous venons de citer.

14°. Durande, savant médecin, botaniste et chimiste à Dijon, a prononcé le 29 mai 1774, au salon du Jardin des plantes, un discours pour l'ouverture du cours de botanique, imprimé dans le Journal de physique, dans lequel il est beaucoup question de la douce-amère. « Parmi les plantes, dit Durande, qui croissent spontanément dans la Bourgogne, on doit compter la morelle grimpante. Les nègres du Sénégal s'en servent contre les maladies vénériennes. J'ai employé la décoction de cette plante avec succès, ainsi que M. Maret, médecin, contre ces affections; quoiqu'elle soit beaucoup inférieure en vertu au mercure, elle seconde l'effet de ce minéral, suspend le progrès de la maladie et a même suffi pour arrêter un écoulement vénérien qui avait résisté aux frictions et aux autres remèdes ». Plusieurs observations heureuses ont confirmé à Durande l'utilité de cette plante sur la fin des fièvres catarrales, de même que pour les dartres, et particulièrement contre celles qui sont scorbutiques, contre l'engorgement des glandes du sein. Ce médecin a préparé les extraits gommeux et résineux de ce végétal; il en a fait prendre trente-neuf grains à un jeune chien, qui n'en a pas ressenti la moindre incommodité.

15°. Enfin Carrère, dans sa Dissertation citée, vante beaucoup la douce-amère, spécialement contre les dartres et autres affections de la peau. Quant à nous, nous ne pouvons assez recommander l'usage de ce végétal contre les dartres, même vénériennes ou scorbutiques, et généralement contre toutes les maladies cutanées : les succès de ce remède, dont nous avons fait différentes fois usage, nous ont confirmé de plus en plus dans cette assertion.

NOTICE

NOTICE

Sur l'utilité de l'écorce d'orme pyramidal,
pour guérir les dartres et autres ma-
ladies de la peau.

On a préconisé il y a quelques années, un remède qu'on a dit très-efficace pour guérir radicalement les dartres isolées, les dartres universelles,
les vieux ulcères et toutes les maladies de la peau ;
la dose en était de deux onces, qu'on faisait bouillir
doucement sans interruption, à petit feu, et pendant près d'une heure, dans trois chopines d'eau ;
on surveillait l'ébullition pour empêcher la mousse
qui s'élève, de s'épancher : on connaît que la décoction est à son point de perfection, quand l'eau
se trouve réduite à peu-près à une pinte ; la liqueur étant reposée, on la transvase encore chaude,
sans en exprimer le marc ; on laisse encore égoutter,
sans pression, le suc onctueux qui en découle.
Cette liqueur est d'une belle couleur pourprée ; on
se sert pour la faire, préférablement à tout autre,
d'un vaisseau de terre vernissée, que l'on conserve
uniquement pour cet usage ; on a soin de rendre la
décoction moitié plus forte, et même plus, quand les
dartres sont universelles, les inflammations violentes, et lorsque la gangrène ou d'autres accidens
très-urgens le desirent ; on emploie pour lors, au
lieu de deux onces, trois ou quatre onces d'écorce :
quand on en veut faire usage comme topique, on
le fait aussi de cette façon, on y ajoute encore le
suc épais qu'on a exprimé avec force. C'est à
M. Bonau, médecin, que nous devons la connaissance de ce remède contre les dartres les plus opi-
niâtres, et autres affections invétérées, de la peau.
Le docteur Ernest rapporte, dans les Éphémérides

E

d'Allemagne de 1727 , qu'on a employé l'écorce
moyenne pour plusieurs maladies ; parconséquent
le médecin Bonau ne peut pas s'attribuer l'honneur
d'une pareille découverte ; au surplus , les propriétés
médicinales de cette écorce se réduisent presqu'à
rien , ainsi que l'a observé le rédacteur de la Gazette de Santé , du 14 septembre 1763. L'orme pyramidal est une variété de l'orme commun ; il est
à petites feuilles et à rameaux serrés ; il s'appelle
orme moyen , pyramidal , improprement orme
mâle, *ulmus mediolina.* L'écorce de cet orme est bien
éloignée d'avoir les propriétés médicinales qu'on
lui attribue ; elle est néanmoins calmante , adou-
cissante et laxative ; mais suivant les observations
faites , elle n'a pas plus de vertu particulière pour
les incommodités pour lesquelles on la donne comme
spécifique , que toutes les autres plantes qui passent
pour avoir ces mêmes propriétés , et qui ne peuvent
opérer une guérison radicale ; au surplus, ce remède n'a occasionné aucun mal , et en cela il diffère de beaucoup d'autres aussi éphémères que lui:
l'estomac s'en est trouvé bien , au lieu d'être affaibli.

MÉMOIRE

SUR L'ILLECEBRA,

OU PETITE JOUBARBE,

Reconnue comme spécifique contre le cancer, le charbon et la gangrène.

L'ILLECEBRA, petite joubarbe, le pain-d'oiseau, la vermiculaire âcre, car tous ces noms sont synonymes, est du genre des sédons : nous ne rapporterons pas ici le caractère distinctif de ce genre, nous réservant d'en parler dans notre Mémoire sur les différentes espèces de sédons ; nous nous contenterons seulement d'exposer ceux de cette espèce dans laquelle on a découvert des propriétés si merveilleuses. Ses racines sont petites, jaunâtres et fibreuses ; ses tiges sont nombreuses, basses, courtes, grêles, menues et rampantes, rougeâtres vers le bas, garnies de petites feuilles oblongues, un peu épaisses, charnues, triangulaires, remplies de suc, de couleur verte tirant sur le jaune pendant les chaleurs de l'été, d'un goût âcre, brûlant, et d'une odeur herbacée ; ses sommités se divisent en plusieurs petits rameaux soutenant des petites fleurs jaunes en étoile, à cinq pétales, avec plusieurs étamines très-déliées au sommet, de même couleur dans le milieu, et des pistils qui se changent en quatre fruits contenant chacun une semence fort menue.

Cette espèce se nomme *marquetiana-nobis*. Tourn. *Loth.* 446. *Sedum acre, sedum foliis subovatis, adnatis sessilibus gibbis erectiunculis alternis, cymâ*

2

trifidâ. Lin. Syst. plant. edit. Reich. t. 2. pag. 384.
Elle est représentée dans notre *grande Collection d'Histoire naturelle, partie des pl.* ; dans le
deuxième volume des cahiers de Knorr, t. 2, p. 12,
fig. 1, et dans les plantes de Blackwel, p. 282. Elle
croît, sans aucune culture, par toute la France
et même par toute l'Europe, sur les vieilles murailles, sur les toits des chaumières, aux lieux
pierreux, arides et montueux. On en voit en Champagne, en Bourgogne, en Picardie, en Normandie,
dans l'île de France, en Alsace, en Lorraine et
en plusieurs autres provinces; elle fleurit pendant
tout l'été. Quand la fleur est passée, la plante se
dessèche et se réduit à rien ; mais peu après elle
renaît de ses racines comme de ses propres cendres, et conserve sa verdure, même pendant les
frimats de l'hiver ; elle se multiplie aussi de graines,
et pousse à l'infini; car si on hache les tiges et les
rameaux de cette plante, et qu'on les jette négligemment sur le sable, sur les rochers ou sur les
vieilles murailles, on verra renaître aussitôt autant de nouvelles plantes qu'il se trouve de feuilles
détachées à l'extrémité des tiges. Cette plante est
un excellent anti-scorbutique, suivant Etmuller ;
elle déterge parfaitement, en raison de l'acidité
de son sel, les gencives ulcérées des scorbutiques ;
dans ce cas on s'en sert en forme de gargarisme ;
on fait une décoction de cette herbe, on ajoute à
la colature de l'alun crud et du miel rosat, plus
ou moins, suivant que la circonstance l'exige, et
on gargarise plusieurs fois le jour la bouche des
scorbutiques, observant néanmoins de conserver
à ce gargarisme un état de tiédeur. Le docteur
Bernard Below a employé cette plante avec succès
sur un grand nombre de soldats scorbutiques ; il
faisait bouillir dans huit livres de bierre, huit poignées d'illecebra bien lavées et bien mondées, qu'il
réduisait à moitié ; il ordonnait la boisson de cette
décoction aux soldats malades, tous les matins,
ou de deux jours l'un, suivant la force de leur tem-

pérament, à la dose de trois ou quatre onces, après
l'avoir fait tiédir auparavant : ce remède les pro-
voquait au vomissement, et ceux qui vomissaient en
plus grande quantité et avec moins de peine, étaient
les premiers soulagés. Cette observation prouve que
la plante illecebra n'est pas seulement anti-scorbutique , mais qu'elle est encore vomitive ; et c'est
pour cette raison que plusieurs médecins la pres-
crivaient dans les fièvres intermittentes et continues , causées le plus souvent par l'abondance des
matières qui séjournent dans les premières voies,
qu'il s'agit d'évacuer par le vomissement pour procurer la guérison.

Boerrhave , dans son Traité des Plantes du jardin de Leyde , dit avoir connu un homme qui ne
se servait de rien autre chose pour guérir la fièvre
quarte, l'hydropisie et d'autres maladies chroniques,
que du suc de cette plante , qu'il prescrivait à la
dose de deux onces, dans du lait ou de la bierre ;
ce remède excitait le malade à un vomissement
copieux, et lui occasionnait par là un prompt soulagement, surtout lorsqu'il n'y avait point de chaleur ; car dans ce cas , loin de procurer la guérison
souhaitée, il produirait au contraire des effets très-
dangereux ; on ne doit donc s'en servir qu'avec
beaucoup de prudence. Le même docteur Below ,
dont nous avons parlé, l'a ordonné encore avec
succès à plus de cinquante personnes attaquées
d'un raccornissement des tendons si considérable,
que le talon touchait au jarret sans pouvoir s'étendre ; Below leur faisait prendre tous les jours intérieurement, jusqu'à guérison , de la décoction de
cette plante , et leur en lavait les tendons, en appliquant par-dessus un cataplasme de la plante
cuite et exprimée ; les malades ont été parfaitement
guéris sans aucun accident. De toutes ces observations, nous pouvons conclure avec Geoffroy ,
que cette plante peut se prendre intérieurement
et utilement dans les affections scorbutiques, pourvu
qu'elles ne soient pas accompagnées de grande

3

chaleur, car pour lors il serait à craindre que ce
remède ne devînt nuisible en augmentant la raré-
faction du sang, il est plus prudent dans ce cas
d'en interdire l'usage.

Cette plante, outre sa vertu anti-scorbutique et
vomitive, est encore détersive, astringente et résolutive ; elle s'employe extérieurement, suivant Po-
met, pour résoudre les tumeurs dures et scrophu-
leuses, aussi bien que les loupes naissantes.

Elle n'est pas moins bonne dans les gonorrhées
simples ou sur la fin des virulentes ; on se sert
de son suc, mêlé avec de l'huile de senevis,
pour faire des injections dans le canal de l'urètre.
On ordonne aussi intérieurement, dans la même
maladie, son suc ou son eau distillée, adoucie
avec une suffisante quantité de miel ou de sirop
violat, à la dose d'un demi-verre, matin et soir.
Elle est excellente pour guérir la teigne, en la
pilant et l'appliquant sur la partie malade ; elle
consolide et cicatrise les vieux ulcères fistuleux, par
l'âcreté de son sel, si on a soin de fomenter souvent
les parties ulcérées avec sa décoction ; elle détache
parfaitement les chairs mortes, dans le charbon,
la gangrène et les cancers ulcérés ou récens : on
parvient, par le moyen de cette plante, à guérir
ces trois maladies, qui ont passé pendant plusieurs
siècles pour incurables; c'est à l'étude et à l'expérience du docteur Marquet, ce Théophraste de
la Lorraine, que nous sommes redevables de cette
heureuse découverte.

Entre toutes les maladies qui affligent le corps
humain, le charbon, le cancer et la gangrène
sont sans contredit les plus redoutables. Le cancer
est le plus terrible de tous les maux, il conduit
lentement l'homme au tombeau, en lui causant
des douleurs si violentes, qu'elles lui font préférer la mort à une vie languissante et pénible. Le
charbon n'est pas moins à craindre, il accompagne
pour l'ordinaire la peste, les fièvres pourprées,
il tranche le fil de nos jours en fort peu de temps.

Pour la gangrène, tout le monde sait qu'elle est l'avant-coureur de la mort. Les remèdes contre ces maladies ont été inconnus jusqu'au temps de notre Théophraste lorrain, qui, par des expériences et des observations plusieurs fois réitérées, a enfin découvert dans l'illecebra ou petite joubarbe un spécifique contre ces trois fléaux du genre humain : on prend trois ou quatre poignées d'illecebra, on les pile dans un mortier, jusqu'à ce qu'elles soient réduites en pâte ; on y ajoute une demi-once d'huile de lin ou d'olive ; on broie le tout ensemble pour en faire un cataplasme qu'on applique sur la partie malade, et qu'on renouvelle soir et matin, ou bien on se sert de la décoction de la même plante, dans de l'eau miellée, en forme d'embrocation ; on observe néanmoins de purger souvent le malade, afin de détourner les humeurs.

En 1723, une femme âgée de 49 ans, attaquée d'une hydropisie anasarque avec un ulcère à la jambe, fut guérie en peu de temps, par les hydragogues et par les embrocations du suc de la plante illecebra.

En 1727, un bourgeois de Nancy, âgé d'environ 50 ans, avait eu, à la suite d'une longue maladie, un dépôt et un ulcère fistuleux qui s'était fixé dans le lombe droit, sur le psoas, d'où s'écoulait continuellement, depuis près de treize ans, une matière purulente, qu'on n'avait encore pu tarir, à cause des sinuosités des clapiers et de la profondeur de l'ulcère, qu'on regardait comme incurable ; il fut guéri radicalement par l'usage du suc de notre plante, avec lequel on faisait des injections trois ou quatre fois le jour, dans l'intérieur de l'abcès.

En 1745, un ancien officier de la garde de son altesse royale le duc de Lorraine, ayant la jambe gangrénée vers la partie moyenne, à l'endroit du tibia, fut aussi radicalement guéri par l'application extérieure de cette plante, quoiqu'il fût âgé de 75 ans.

4

En 1747, un particulier âgé de 27 ans, fut parfaitement guéri, avec cette plante, d'un cancer invétéré qui avait résisté aux remèdes les plus violens, depuis près de deux ans.

L'année suivante, la femme d'un charpentier, âgée de 45 ans, ayant dans son sein droit une tumeur dure, livide, plombée, de la grosseur du poing et noire à sa circonférence, recouvra une santé parfaite, tant par l'usage intérieur d'un opiat fondant et apéritif, que par l'application extérieure de ce spécifique.

En 1750, un homme âgé de 70 ans, ressentit pareillement les effets merveilleux de cette plante : nul remède n'avait pu jusqu'alors le guérir d'un cancer qu'il portait au visage, connu sous le nom vulgaire de *noli me tangere*. La vertu de cette plante lui fut annoncée ; il n'en eut pas plutôt fait usage, qu'en moins d'un mois son visage devint aussi sain que s'il n'avait jamais eu de cancer.

La même année, une jeune dame de qualité fut redevable de la guérison d'un abcès fistuleux qu'elle avait depuis long-temps, aux injections de l'eau distillée de cette plante.

En 1752, le suc de la même plante, macéré avec du miel et appliqué sur la jambe ulcérée d'un chanoine de 85 ans, lui procura, dans l'espace de quatre ou cinq jours, une guérison parfaite et entière.

Nous passons sous silence une infinité d'autres cures singulières, qui ont été opérées par la vertu de cette plante ; les mémoires que nous en a laissés l'auteur, et d'où nous avons extrait les observations précédentes, en sont pleins ; l'énumération en serait trop longue pour pouvoir les détailler ici ; nous nous contenterons seulement de rapporter quelques cures qui ont été opérées au moyen de cette plante, par M. Doron, médecin de Saint-Diez, et par M. d'Arbois, lieutenant du ci-devant premier chirurgien du roi, à Rethel, en Champagne.

Une fille âgée de 18 ans, dit Doron, demeurant

dans le village de Vissemberth , ayant à la partie
intérieure de la jambe droite un ulcère chancreux
depuis treize ans , en fut guérie en moins de deux
semaines, en lavant cinq ou six fois le jour la plaie
avec une légère décoction de la plante illecebra
et d'aristoloche ronde , adoucie avec un peu de
miel rosat.

Un paysan nommé Jean-Baptiste, ayant dans
une jambe , à la suite d'une fièvre causée par une
gale répercutée , un dépôt qui suppurait continuellement par une petite ouverture très-profonde, dans
laquelle on pouvait à peine introduire le stylet
le plus fin , fut guéri en quatre jours, par les
injections souvent réitérées de la décoction d'aristoloche et d'illecebra , adoucie par un peu de miel
rosat, que lui prescrivit Doron. Cet habile médecin, surpris lui-même d'une si prompte guérison , et craignant que l'humeur ne fût repompée
dans la masse du sang, purgea plusieurs fois le
malade, après l'avoir mis à l'usage d'une légère
décoction de sassafras et de bouillon-blanc, avec
la réglisse , pour boisson ordinaire. Cela n'empêcha
pas que cet homme n'eût encore deux ou trois
abcès, qui furent guéris en très-peu de temps ,
avec les mêmes plantes.

Une jeune fille , à une lieue de Saint-Diez ,
ayant eu le malheur de s'enfoncer, au-dessous de
la malleole interne du pied droit, une branche de
fourche à foin, son pied devint prodigieusement
enflé , noir et livide, après quoi il s'y forma des
ulcères qui gagnèrent insensiblement la jambe ;
la plupart des chirurgiens opinèrent pour l'am-
putation. Le docteur Doron fut d'avis contraire,
son sentiment prévalut; il purgea d'abord la malade, et après lui avoir prescrit un régime convenable , il lui fit bassiner, cinq ou six fois le jour,
l'endroit ulcéré avec la décoction ci-dessus; en
six semaines cette fille se servit de sa jambe comme
à l'ordinaire , à sa grande satisfaction.

D'Arbois, chirurgien à Rethel, expérimenta

avec un succès égal l'effet de ce remède, sur un
particulier de sa ville; cet homme avait depuis
long-temps la jambe droite entièrement ulcérée et
enflée considérablement; il avait de plus, du même
côté, tant à l'aine qu'à l'aisselle, une tumeur de
la grosseur du poing, ce qui caractérisait bien une
humeur scrophuleuse et un cancer ulcéré; cependant il fut guéri en moins de quatre mois, par la
vertu de cette plante.

Nous ne dissimulons point ici que le pain d'oiseau ou l'illecebra, quoiqu'appliqué extérieurement,
occasionna à cet homme, pendant près de sept ou
huit jours, à l'ouverture de l'appareil, un vomissement considérable, et c'est le troisième exemple
que nous en avons; le vomissement, loin d'être
nuisible, est fort salutaire en ce cas, l'expérience
l'a prouvé; il ne doit donc pas servir de raison
pour nous faire rejeter l'usage de cette plante,
ainsi que les critiques l'ont voulu insinuer. Fon-
dés sur des faits aussi constans que ceux que nous
venons de rapporter, recourons plutôt à ce spécifique salutaire, nous obvierons par là à une infinité d'amputations et d'opérations chirurgicales,
qui, pour la plupart, ne sont pas moins dange-
reuses que douloureuses.

Les médecins de l'hôpital militaire de Valen-
ciennes et de celui de Sarrelouis, se sont servis
dans leurs hôpitaux, avec succès, de cette plante.
Pierrot et Robert, chirurgiens à Nancy, en ont
aussi fait usage efficacement. Coste et Willemet,
dans leurs *Essais pharmaceutiques et botaniques*,
quoiqu'ils n'approuvent pas cette plante autant
qu'ils auraient dû le faire, disent néanmoins en
avoir vu quelques bons effets.

Haller, dans son *Enumeratio plantarum Helvetiæ*,
s'exprime ainsi au sujet de cette plante: sa semence,
dit-il, est extrêmement âcre et brûlante, son suc
donne des indices du sel volatil qu'il contient, sans
même qu'il soit nécessaire de l'exposer à la chaleur du feu. Kramer dit que ce sédon ronge les

cors et les fait tomber par écailles; on a vu des
cas où le suc de la vermiculaire a été d'un grand
secours, par exemple, pour un cancer ulcéré à
la cuisse, pour un cancer au sein, aussi ulcéré,
et pour un cancer de la glande maxillaire; l'herbe
a eu le même succès pour un cancer à l'anus,
en l'y appliquant après l'avoir fait cuire avec
de l'eau ou du lait; on recommande d'en faire
un onguent, en la broyant avec de l'huile de
lys, pour guérir les ulcères fongueux et ceux du
plus mauvais caractère; Marquet en a fait l'épreuve.
L'illecebra (Marquet et Buc'hoz lui ont conservé
ce nom latin en français), a arrêté les progrès
d'une gangrène sèche chez un hydropique, en
l'appliquant trois ou quatre fois par jour sur le
mal, après l'avoir fait cuire avec de l'eau et du
miel; elle est encore très-bonne pour guérir le
charbon, en l'employant sous la même forme;
elle en fait tomber les chairs mortes et procure
la cicatrisation; elle guérit aussi la teigne.

« Galien recommandait cette plante, sous le
nom d'*illecebrum*, pour guérir l'œgilops. Buc'hoz
parle de plusieurs guérisons de cancers, de gan-
grènes, de charbons et d'ulcères, opérées par le
moyen d'un cataplasme de petite vermiculaire;
cependant il remarque que ce topique a fait vomir
quelques malades (*Voyez ci-dessus.*); il assure sa
décoction utile pour le charbon, dans les fièvres
malignes et pour la teigne. Marquet dit que lorsqu'on en fait un cataplasme avec de la graine de
lin, et qu'on l'applique en prescrivant en même
temps des sudorifiques, elle arrête les progrès de
la gangrène, des cancers ulcérés du visage et des
ulcères d'un mauvais caractère; sa décoction, con-
tinue-t-il, est utile, prise intérieurement, contre
les ulcères du même genre, et purge par haut et
par bas; son suc, pris intérieurement, purge de
la même manière et avec violence; on ordonne
la décoction aux hydropiques; elle se fait en en
faisant macérer dans douze onces de bierre; la

dose est de trois onces; sa décoction dans du lait a guéri le scorbut ».

Durande, médecin de Dijon, dans sa Flore de la Bourgogne, en parlant sur cette plante, dit que quoique petite et la plupart du temps ignorée, elle n'en est pas moins utile; voici ses propres termes :

« Quelque âcre qu'elle soit, son suc a été recommandé intérieurement, à petite dose et adouci avec du lait, comme un puissant anti-scorbutique et un grand diurétique. Belon fait bouillir huit poignées de cette plante dans huit pintes de bierre sans houblon, réduites à moitié; il donne tous les matins, à jeun, trois ou quatre onces de cette décoction, qui produit les effets les plus heureux; ceux qui vomirent furent guéris plus promptement; le suc fait vomir et purge, à la dose d'une ou de deux cuillerées; on a, de plus, conseillé la vermiculaire extérieurement, comme détersive; on la pile avec l'huile de lin, on l'applique ainsi sur le charbon, la gangrène, les ulcères chancreux ».

Quant à nous, nous avons fait usage tout récemment de cette plante; nous l'avons appliquée avec succès sur un charbon des plus considérables, dont était affectée sur le dos la veuve Florence, menuisière à Paris. Nous avons fait tomber, par le moyen de cette plante, une quantité de chairs mortes, et nous avons procuré par là la cicatrisation d'une plaie de la largeur d'une assiette. Nous avons aussi guéri, par le moyen de la même plante, le prote de l'imprimerie de Demonville, qui, depuis cinq mois, avait les jambes ulcérées, et que les chirurgiens n'ont jamais pu parvenir à guérir, malgré tous les secours auxquels ils ont eu recours.

Nous ne pouvons mieux finir cette Dissertation, qu'en rapportant quelques formules sous lesquelles on peut la prescrire.

1°. *Eau de Buc'hoz.* Prenez des feuilles de nicotiane, d'aristoloche, d'illecebra et de morelle, de chacune parties égales; mêlez et hachez le tout ensemble, mettez-les ensuite dans un vase bien bouché, et imbibez-le de vin blanc, de sorte que le vin surnage d'un pouce; laissez le mélange en digestion pendant quinze jours, et distillez-le suivant l'art. La première eau qui en provient est très-spiritueuse, vulnéraire, antiseptique; elle est très-bonne contre toutes sortes de plaies, de blessures, de contusions, contre les ulcères tant invétérés que nouveaux, et même contre la gangrène; elle serait parconséquent d'une grande utilité dans les armées et les hôpitaux militaires. Nous avons conservé à cette eau distillée le nom d'*Eau de Buc'hoz*, qui est celui qu'on lui donne dans le pays Messin.

2°. *Apozème anti-scorbutique.* Prenez racines de raifort sauvage, de petite scrophulaire, d'aunée et d'oseille, de chacune demi-once; feuilles de fumeterre, de beccabunga, de cresson de fontaine, de chacune une poignée; sommités de pin et de sapin, fleurs de petite centaurée et de genets, de chacune une pincée; graines de genièvre, d'ancholie, de roquette pilées, de chacune un gros; faites bouillir dans six livres d'eau commune, réduites à cinq; ajoutez sur la fin, illecebra ou petite joubarbe, deux pincées; herbe aux cuillers, une poignée; passez et conservez cet apozème pour l'usage; la dose est de six onces, alliées avec une demi-once de sirop de limon, à prendre quatre fois le jour, dans le scorbut.

3°. *Injection dans la fistule lacrymale.* Prenez du suc d'illecebra et d'herbe à Robert, pareille quantité; faites des injections dans l'ulcère fistuleux.

NOTICE

SUR L'USAGE DES CAROTTES

Contre le cancer ulcéré.

Nous ne parlerons pas ici des effets merveilleux de la semence de carottes sauvages contre les graviers de la vessie, nous en avons parlé suffisamment ailleurs ; nous ne répéterons pas ici avec quelques auteurs, que le jus de carotte guérit de la jaunisse ; il ne guérit pas plus cette maladie que le jus de betterave rouge guérit de l'hémorrhagie. Si on a attribué à la carotte improprement une vertu anti-icterique, c'est parce qu'elle est jaune, et en cela les anciens praticiens ont déraisonné. Scholer rapporte que le suc de carottes mêlé avec le miel est bon contre les aphtes ; et que leur décoction convient dans la toux des enfans et la phtysie ; je l'ai souvent ordonné avec succès dans le rhume et même dans la phtysie, préparée de la manière suivante.

« Prenez le mou d'un veau d'environ six semaines, coupez-le par petits morceaux ; ajoutez-y pareille quantité de carottes et autant de navets bien épluchés ; faites-les cuire dans une quantité suffisante d'eau, jusqu'à ce que le tout soit réduit en pâte ; exprimez-en fortement le jus, et faites fondre dans ce jus du sucre candi aussi suffisante quantité ; donnez de ce jus deux cuillerées de deux heures en deux heures, dans le rhume et dans la phtysie commençante. Michauld donne pour efficace le cataplasme de carottes contre les tumeurs scorbutiques ; ainsi qu'il est rapporté dans la bibliothèque chirurgicale de Ritcher. Soulzer a communiqué au public l'efficacité d'un topique de racines de carottes

pour la guérison d'un cancer ulcéré : nous croyons
ne pouvoir mieux faire que de révéler à nos lecteurs un remède aussi efficace contre une maladie
aussi rebelle et aussi dangereuse que le cancer
ulcéré.

Prenez des carottes récentes, *daucus sativus* ;
rapez-les avec une rape d'usage pour chapeler le
pain, exprimez-en le suc en le pressant simplement
dans la main ; faites ensuite chauffer le marc sur
une assiette ou dans un poêlon de terre, appliquez-
le très-épais sur l'ulcère en forme de cataplasme,
et en cas qu'il s'y trouve des enfoncemens ou clapiers, ayez soin de les en remplir et de l'appliquer
ensorte qu'il touche immédiatement dans tous les
points les chairs de l'ulcère, couvrez le tout d'une
serviette sèche et tant soit peu chaude ; renouvelez
ce pansement deux fois par jour dans le courant
des vingt-quatre heures ; enlevez à chaque fois le
vieux cataplasme ; lavez en même temps et nétoyez
l'ulcère avec un plumaceau de charpie trempée
dans la décoction chaude de *ciguë aquatique*, dont
nous donnerons ailleurs les vertus. Par le moyen
de ce topique, vous calmez les douleurs, et vous
détruisez en peu de jours l'odeur insupportable qui
se fait sentir dans les ulcères cancéreux ; la suppuration diminue pour lors, la plaie ne rend plus
qu'un pus louable, en place de sanie et de matière
ichoreuse ; les bords durs et calleux de l'ulcère
commencent à se ramollir ; la tumeur diminue insensiblement, et disparaît même peu à peu ; les
chairs se rejoignent, la cicatrice se forme, en un
mot l'ulcère se guérit totalement. M. Denis a communiqué à M. Reichard de Hautesierk, pour insé-
rer dans le Recueil des observations de ce médecin,
une observation sur les bons effets de l'application
de la carotte sauvage.

Un enfant, à l'âge de sept mois, avait à la
lèvre supérieure, du côté droit, un ulcère rebelle.
M. Denis profita de cette occasion pour employer
. le cataplasme de carottes, avec d'autant plus de

raison, que cet ulcère avait résisté à tous les autres
remèdes; il y appliqua la marmelade de carottes, qu'il
eut soin de soutenir par un bandage approprié à la
partie malade et aux besoins de l'enfant; la mère
qui se portait bien, continua de l'allaiter. Le troisième jour après l'application du cataplasme de
carottes, la mauvaise odeur de l'ulcère s'évanouit,
les bords se ramollirent insensiblement, et il survint
une suppuration d'une bonne qualité; enfin les
callosités de l'ulcère s'abaissèrent et se fondirent,
les chairs commencèrent à se régénérer, et la cicatrice se former; il ne fallut qu'un mois pour en
obtenir la guérison.

M. Denis dit encore avoir guéri, par le moyen
des cataplasmes de carottes, un ulcère chancreux
qui se trouvait au visage d'un homme de quarante
ans, et qui avait résisté à l'usage du mercure, de
l'emplâtre de ciguë. Il est surprenant qu'on néglige
à présent un pareil remède, et même aussi facile
sans être dispendieux; nous ne le rappelons ici que
pour exhorter les gens de l'art et même les parti-
culiers, d'en faire un usage plus commun qu'ils
n'ont coutume d'en faire. Il y a, dit-on, à la Ro-
chelle un médecin qui a publié un Traité sur les
vertus des carottes; mais comme nous n'avons jamais vu ce Traité, nous ne pouvons en rien dire
ici, que par la renommée qui nous a appris que
cet auteur, à force de préconiser les vertus des
carottes, avait donné dans un excès contraire, en
leur en attribuant plus qu'elles n'en ont; au reste,
si ce Traité nous parvient un jour, nous en donnerons l'analyse à nos lecteurs: nous ne pouvons mieux finir cette notice, qu'en rapportant
ce qu'en disent les auteurs de la Matière Médicale
dans l'*Encyclopédie Méthodique*. Les propriétés de
la carotte, disent-ils avec raison, ne sont pas encore toutes connues, il y a encore sur ce point bien
des découvertes à faire; au surplus elles nous donnent un aliment excellent. *Voyez* la Dissertation
que nous publierons sur ce genre de plantes.

PROPRIÉTÉS

PROPRIÉTÉS DE LA BRUYÈRE

Reconnue depuis peu comme un puissant dépuratif propre dans les maladies chroniques, principalement dans celles qui proviennent du lait épanché, dans les suppressions des règles, et quand les humeurs viciées infectent le sang, et occasionnent des dépôts qui se renouvellent continuellement.

DANS mon *Dictionnaire des plantes, arbres et arbustes de la France,* j'ai inséré un article sur la bruyère ; j'ai dit que ses feuilles et ses fleurs étaient apéritives, diurétiques et diaphorétiques ; qu'on les employe en décoction, que leur eau distillée est ophtalmique, et que l'huile tirée de ses fleurs est bonne dans les maladies cutanées ; et dans ma *Nature considérée,* année 1771, *t.* 4, j'ai publié une Lettre sur cette plante ; en voici l'extrait.

Le nom latin d'*erica* tire, selon Martinus, son étymologie d'un mot grec qui signifie je casse, je brise, parce qu'on prétend que cette plante brise le calcul des reins ; est-ce ou d'après l'étymologie de ce nom, ou d'après l'expérience, que Matthiole a accordé à la bruyère une vertu lithontriptique ? c'est ce qui serait à examiner. Cet auteur prétend, il ose même l'assurer, que la décoction des feuilles et fleurs de bruyère prise tiède matin et soir, au poids de cinq onces, pendant trente jours consécutifs, produit des effets surprenans pour briser le calcul des reins, surtout si sur la fin de l'usage de cette boisson on fait prendre au malade un demi-bain composé avec la même décoction ; mais Garidel, qui rapporte le sentiment de Matthiole, ajoute que ce dernier aurait dû au moins se contenter de dire que ce remède peut chasser le sable et les petits calculs des reins et de la vessie, sans lui donner, comme il a fait, une vertu lithontriptique. Je ne

F

dirai pas ici que le suc de bruyère et son eau distillée sont d'excellens ophtalmiques, Tragus est un
de ceux qui en assurent les bons effets pour les
inflammations des yeux. Si on en croit Simon Pauli,
la décoction de bruyère est un excellent remède
pour la paralysie et les douleurs des membres,
pourvu qu'on en fomente bien les parties malades.
Clusius rapporte que l'illustre Rondelet se servait
de l'huile faite avec les fleurs de bruyère pour guérir les dartres, même les plus invétérées du visage;
mais cet auteur ne dit pas si l'huile dont on peut
se servir dans ce cas, doit être faite par l'infusion
des fleurs, ce qu'on croit néanmoins, ni qu'elle
espèce de bruyère on doit employer ; il est probable que ce sont les fleurs de la commune dont
on doit faire usage, *erica maxima alba.* C. Bauh.
ou de celle qu'on nomme *erica foliis carias, multi-*
flora. Cette dernière est très-commune à Montpellier. Mappus, dans son édition des plantes d'Alsace, assure, d'après l'expérience, que l'infusion
des fleurs blanches de la bruyère dans du vin rouge
guérit les fleurs-blanches des femmes. Chemnicius
est du même sentiment, dans son Catalogue des
plantes des environs de Brunswick. Tragus, déjà
cité, prétend que la bruyère en décoction guérit
la colique. Pevatins dit que cette plante augmente
le lait des nourrices. Rai est du même sentiment
de ceux qui prétendent que le suc exprimé de ses
feuilles, ou l'eau distillée, dissipe les douleurs des
yeux, si on y en fait entrer. Tabernæmontanus,
qui pense de même que Clusius et Rondelet, prétend encore que l'huile de bruyère est un spécifique
contre les dartres ; il veut aussi que la fomentation
des fleurs de cette même plante soit propre à appai-
ser les douleurs de la goutte ; Tournefort conseillait
pour la même maladie un bain de vapeurs avec les
feuilles et les fleurs de la même plante. Bœcler
offre la conserve des fleurs de bruyère comme un
bon médicament contre la fièvre quarte, l'hydropisie et les maladies des reins.

Dans l'Avant-Coureur de 1771, on lit un article intéressant qui a été répété dans d'autres feuilles périodiques, concernant la bruyère blanche, et la manière de la préparer pour la guérison de la gangrène, ainsi que pour toutes sortes de tumeurs, abcès, blessures, morsures, seins percés ou enflés, lait épanché, etc., quand bien même il y aurait de la fièvre. Si la bruyère a réellement toutes ces propriétés, quel estime n'en devons-nous pas faire? Quoiqu'il en soit, je vais rapporter ici cette recette :

Prenez la moitié d'une coquille d'œuf de bruyère blanche (non gris de lin) tige et fleurs, morelle, absynthe et rhue, de chacun une poignée, les plus fraîchement cueillies que vous pourrez; hachez toutes ces plantes, et mettez-les ensemble dans une casserole avec du vin blanc; faites-les bouillir doucement sur un fourneau, jusqu'à réduction de moitié : ôtez-les ensuite du four, et couvrez le vaisseau d'une serviette en quatre, jusqu'à ce que la fumée soit abattue; passez le tout par un linge propre avec une forte expression, et mettez la liqueur dans une bouteille bien bouchée. La personne malade en prendra d'abord un premier verre tiéde et à jeun, et se tiendra chaudement au lit pour y exciter la transpiration, et si le mal le lui permet, elle pourra sortir le même jour pour vaquer à ses affaires. Le lendemain elle prendra un deuxième verre, et le quatrième jour un troisième, chaque fois avec les mêmes précautions : si au bout de huit à dix jours elle n'est pas guérie, on recommence la même dose. Lorsqu'on fait usage de ce remède, il faut n'en faire aucun autre, ni rien appliquer sur le mal qu'un linge de chanvre, on ne doit même prendre médecine que trois semaines après; on peut conserver cette liqueur dans un vase bien bouché, pendant plus de trois mois; nous l'avons prescrit avec efficacité, et ce remède n'est autre chose que le vin de bruyère. Il est rapporté dans la Pharmacopée de M. Jadelot, ancien professeur en médecine dans l'université de Nancy, connu par sa pratique mé-

2

dicinale ; d'ailleurs il est en outre très en usage à
Nancy, la bruyère blanche, qui est la plus esti-
mée, en fait la base.

Prenez, lit-on dans cette Pharmacopée, une
poignée d'absynthe, une poignée de morelle, une
poignée de bruyère blanche, tiges, feuilles et fleurs;
faites infuser le tout dans deux bouteilles de bon
vin blanc pendant trois jours, ou bouillir à la réduction du quart; passez ensuite la liqueur par un
linge.

Ce vin passe pour un puissant dépuratif; il se
donne avec succès dans les maladies chroniques,
où les humeurs viciées infectent le sang, et occasionnent des dépôts qui se renouvellent continuellement. On le recommande aussi dans les maladies
chroniques qui viennent du lait épanché, dans les
suppressions des règles : la dose est d'un gobelet
par jour, mais il faut que le malade se tienne chaudement, ainsi que nous l'avons dit ci-dessus, car
ce remède ne produit son effet que par les sueurs.
La bruyère est un arbrisseau assez connu ; on le
rencontre communément dans les landes, les endroits secs et arides.

ESPÈCES THÉIFORMES

Pour la plupart des maladies.

1. *Espèces anti-asthmatiques.* Prenez racines d'*enula campana*, de pétasite, de réglisse, feuilles sèches d'hyssope, de lierre terrestre, de pervenche, de scolopendre, de marube blanc, de cataire, de ceterac, fleurs de pied de chat, de pas d'âne, de coquelicot, feuilles d'oranger, de chacune parties égales; coupez et contusez les racines, hachez les feuilles et mêlez le tout ensemble : la dose est d'une pincée par tasse d'eau bouillante, pour une infusion théiforme contre l'asthme.

2. *Vulnéraires.* Prenez feuilles de pervenche, de pulmonaire, de lierre terrestre, de scabieuse, de bugle, de sanicle, de mauve et de guimauve, fleurs de violette, de pas d'âne, de verge d'or, de pied de chat, de mauve, de chacune parties égales; hachez les feuilles et mêlez le tout ensemble : la dose est d'une pincée par tasse d'eau bouillante.

3. *Espèces béchiques et pectorales.* Prenez feuilles de mauve, de guimauve, de scabieuse, de véronique, de lierre terrestre, fleurs de mauve, de guimauve, de bouillon blanc, de coquelicot, de pas d'âne et de pied de chat, de chacune parties égales; hachez bien les feuilles et mêlez le tout ensemble : la dose est d'une pincée par tasse d'eau bouillante, pour une infusion théiforme dans les maladies de poitrine.

4. *Espèces anti-hystériques.* Prenez racines d'*enula campana*, feuilles d'oranger, de mélisse, de menthe, sommités de marrube et de caillelait, fleurs d'oranger et de tilleul; mêlez le tout ensemble par parties égales; coupez les racines par petits morceaux et hachez les feuilles : la dose est d'une pin-

3

cée par tasse d'eau bouillante, pour une infusion théiforme à prendre contre la passion hystérique et hypocondriaque.

5. *Espèces stomachiques.* Prenez feuilles de petite sauge, sommités d'absynthe, de marrube blanc, de petite centaurée, feuilles de menthe, de scordium et d'oranger, fleurs d'oranger, de violette, de bourrache et de buglose, graines de genièvre concassées; hachez les feuilles et mélangez le tout ensemble : la dose est d'une pincée de ce mélange par tasse d'eau bouillante, pour une infusion théiforme à prendre contre les maladies de l'estomac.

6. *Espèces anti-néphrétiques.* Prenez racines de guimauve, de calcitrape, feuilles de mauve, de pariétaire, de scolopendre, de busserole ou *uva ursi*, cosses de haricots, de chacune parties égales; coupez les racines et hachez les feuilles, mélangez le tout : la dose est d'une pincée de ce mélange par tasse d'eau bouillante, pour une infusion théiforme dans la néphrétique.

7. *Espèces anti-apoplectiques.* Prenez feuilles de petite sauge, sommités d'hyssope, d'absynthe et d'origan, fleurs de tilleul, de primevère et de caillelait jaune, de chacune parties égales; hachez les feuilles et mêlez le tout ensemble : la dose est d'une pincée par tasse d'eau bouillante, pour une infusion théiforme contre l'apoplexie.

8. *Espèces pour les fumigations humides dans les maladies de poitrine.* Prenez racines de pétasite, d'*enula campana*, de réglisse, de guimauve, lichen de chêne, feuilles de pulmonaire, de scabieuse, de véronique, d'aigremoine, de bouillon blanc, de guimauve, de mauve, de pervenche, de lierre terrestre et d'erysimum, bourgeons de sapin et de peuplier, fleurs de primevère, de marguerite, de pas d'âne, de bouillon blanc, de mauve, de pied de chat, de marrube blanc et de matricaire, de chacune parties égales; coupez et contusez les racines, hachez les feuilles et mêlez bien ensemble: la dose est de deux poignées pour chaque fumigation.

9. *Espèces contre les tremblemens.* Prenez bétoine, lavande, chamædrys, chamæpytis, millepertuis, sauge, feuilles et fleurs, parties égales; hachez et mêlez le tout ensemble : la dose est d'une pincée de ce mélange par tasse d'eau bouillante, pour une infusion théiforme à prendre contre les tremblemens.

10. *Espèces contre la goutte.* Prenez racines de bardane, de sceau de Salomon, de houblon, sommités de caillelait, de germandrée, de scordium, d'yvette, feuilles de trefle d'eau, de irène, fleurs d'arnica, de chacune parties égales : la dose est d'une pincée de ce mélange par tasse d'eau bouillante, pour une infusion théiforme contre la goutte.

11. *Espèces contre les fleurs blanches.* Prenez racines de filipendule, feuilles de pyrole, de plantain, de trefle, de romarin, de nummulaire, de pervenche, de ronces, fleurs d'orties blanches, de mélilot, de romarin, de chacune parties égales, coupez et hales racines et les feuilles : la dose est d'une pincée par tasse d'eau bouillante, pour une infusion théiforme à prendre contre les fleurs blanches.

12. *Espèces vulnéraires, connues sous le nom de vulnéraires de Suisse et de faltras.* Prenez véronique, sanicle, buglose, millepertuis, pervenche, lierre terrestre, chardon bénit, scordium, aigremoine, bétoine, mille-feuille, scolopendre, fleurs de pied de chat, de tussilage, de chacune parties égales; coupez et incisez selon l'art : prenez une pincée de ce mélange par tasse d'eau bouillante, adouci avec un peu de sucre. Ces espèces sont vulnéraires, détersives, cordiales, stomachiques, propres pour prévenir les dépôts sanguins à la suite de coups ou de chutes.

13. *Espèces anti-fiévreuses.* Prenez racines de benoitte, de grande gentiane, seconde écorce de saule, de frêne, de putiet; feuilles de plantain, d'aigremoine, d'absynthe, de chardon-roland, sommités de petite centaurée, fleurs de camomille des

champs, de chacune parties égales ; coupez et hachez les racines et les feuilles : la dose est d'une pincée par tasse d'eau bouillante en infusion théiforme.

14. *Espèces toniques, suivant Baumé.* Prenez feuilles de mélisse, sommités de caillelait jaune, fleurs de bétoine, de tilleul, racines de grande valériane, de bardane, de patience sauvage, de réglisse, de guimauve, de polypode, feuilles de scolopendre, de chacune parties égales ; coupez et incisez selon l'art : la dose est d'une pincée par tasse d'eau bouillante en infusion théiforme. On les prescrit comme vulnéraires, hystériques, cordiales et légèrement sudorifiques.

15. *Espèces pectorales, suivant Baumé.* Prenez capillaire du Canada, feuilles de scolopendre, fleurs de tussilage, de pied-de-chat et de millepertuis, de chacune parties égales ; coupez et incisez suivant l'art : la dose est d'une pincée par tasse d'eau bouillante en infusion théiforme, contre la toux et autres maladies de poitrine.

16. *Espèces anti-dyssentériques.* Prenez racines de bistorte, de tormentille, feuilles de vigne, de pervenche, de renouée, de bouillon-blanc ; feuilles et fleurs de bugle, de brunelle, de salicaire, fruits de sumac, de chacune parties égales ; mêlez, hachez et contusez ; faites prendre auparavant les remèdes généraux.

17. *Espèces anti-catharreuses.* Prenez racines de benoitte, feuilles de pariétaire, d'eupatoire, d'avicenne, de capillaire, d'aigremoine, de lierre terrestre, de cresson de roche, fleurs de lavande, de pied-de-chat et de coquelicot, de chacune parties égales ; hachez les feuilles et racines, et mêlez le tout : la dose est d'une pincée par tasse d'eau bouillante en infusion théiforme contre les catharres.

18. *Espèces anti-dartreuses et contre toutes sortes de maladies de la peau.* Prenez racines de patience, de bardane et de saponaire, feuilles de scabieuse des prés, de scordium et de fumeterre ; fleurs de

genest, écorce d'orme, tendons de houblon, tiges de douce-amère, de chacune parties égales ; hachez les racines, écorces, tiges et feuilles ; mêlez : la dose est d'un gros par tasse d'eau bouillante en infusion théiforme, contre les dartres et maladies de la peau.

19. *Espèces contre le sang coagulé et extravasé même dans les cas de chute.* Prenez le milieu de la racine de fougère et d'osmonde, feuilles et fleurs d'herbe à Robert ou de geranium à squinancie, feuilles et fleurs de petite marguerite, bugle et sanicle, fleurs de verge-d'or, de chacune parties égales ; mêlez le tout ensemble, après avoir haché les feuilles : la dose est comme ci-dessus.

20. *Espèces contre toutes sortes d'hémorrhagie.* Prenez racines de guimauve, de grande consoude, feuilles de pervenche, de pied-de-lion, de saule, de pulmonaire, de plantain, de centinode, de prèle, fleurs de bugle, de brunelle, de ronce, de coquelicot, de pied-de-chat, de chacune parties égales ; mêlez le tout après avoir coupé les feuilles et les racines : la dose est comme ci-dessus.

21. *Mélange de plantes et substances végétales pour les fumigations dans les descentes de matrice.* Prenez benjoin, styrax calamite, encens, sandarac, mastic, myrrhe, assa fœtida, aloës, succin, de chacun un gros ; romarin, sauge, absynthe, calament, népéta, thym, serpolet, matricaire, camomille fétide, marrube noir, basilic, roses rouges, baies de genièvre, de chacune une demi-once ; concassez les gommes et les résines, après les avoir fait sécher ; mêlez pour lors le tout ensemble, et employez en fumigations sèches.

22. *Espèces pour l'incontinence d'urine.* Prenez feuilles de plantain, de sauge, de centinode, de prèle, de bourse à pasteur, fleurs de roses rouges, de chacune parties égales ; hachez les feuilles, mêlez : la dose est de deux pincées par gobelet d'eau bouillante à prendre trois fois par jour contre la susdite maladie.

23. *Plantes , feuilles et racines qui entrent dans l'eau vulnéraire de Chomel.* Prenez racines de grande consoude, feuilles et fleurs de bugle, de brunelle, de sanicle, de plantain, d'œil-de-bœuf, de mille-pertuis, de véronique, de millefeuille, de sauge, d'origan, de calament, d'hyssope, de menthe, d'armoise, d'absynthe, de bétoine, de grande scrophulaire, d'aigremoine, de scabieuse, de verveine, de fenouil, de petite centaurée, de nicotiane, d'aristoloche, de clématite et d'orpin, de chacune, toutes épluchées, deux ou trois poignées; racines d'aristoloche, ronde et longue, concassées, de chacune une once; hachez les feuilles et fleurs, et mettez le tout dans un vaisseau ; versez par-dessus une suffisante quantité de vin blanc, ensorte qu'il surnage de deux ou trois doigts ; laissez les herbes en digestion dans un lieu chaud, pendant deux ou trois jours ; distillez ensuite suivant l'art.

Bois sudorifiques indigènes, propres à remplacer les exotiques. Les bois sudorifiques exotiques sont le sassafras, le gayac, la salspareille et la squine ; on peut leur substituer dans un degré même plus efficace, le bois de genièvre, de buis, de frêne, les racines de bardane et de patience, de persicaire amphibie, de houblon, de saponaire, de scorsonère ; et enfait de feuilles et de fleurs, les feuilles de succise, de scabieuse des prés, et la fleur de sureau.

LISTE *des Ouvrages nouveaux économiques de*
J. P. BUC'HOZ.

1°. Dissertations sur le Sorbier et la Viorne, seconde édition, actuellement sous presse, et considérablement augmentée.

2°. Mémoires sur le Blé de Smyrne, autrement Blé d'abondance; sur celui de Turquie, le grand Millet d'Afrique, et la Poherbe d'Abyssinie, toutes plantes alimentaires pour l'homme, et dont on ne saurait assez étendre la culture, par la fécondité qu'elles répandent par-tout.

3°. Dissertations sur le Cèdre du Liban, le Platane et le Cityse, arbres très - intéressans, qui plaisent autant par la majesté de leur port que par les avantages réels qu'on en peut tirer pour l'Agriculture et les Arts.

4°. Observations aux Amateurs et aux Jardiniers fleuristes, sur quatre genres d'Arbustes (l'*Azalée*, le *Cletra*, le *Kalmia* et le *Rhododendron*), qui méritent d'être cultivés dans leurs jardins, tant par la beauté de leurs feuillages que par l'éclat de leurs fleurs, et qui, faute d'être suffisamment connus, y sont totalement négligés; on a joint à ces Observations une Notice sur la *Châtaigne d'eau*, sur ses propriétés médicinales et alimentaires, seconde édition, exactement corrigée et augmentée.

5°. Mémoires sur l'*Hortensia* et le *Cestrau*, remarquables, le premier, par l'éclat de ses fleurs, le second, par leur odeur; avec des détails très-intéressans sur leurs cultures, pour former, par leur réunion avec les Observations aux Amateurs, sur l'*Azalée*, le *Cletra*, le *Kalmia* et le *Rhododendron*, la plus belle collection d'Arbustes qu'on puisse desirer pour l'ornement des jardins; troisième édition, revue et augmentée de deux Mémoires sur deux autres genres d'Arbustes très-curieux, connus sous les noms de *Lagerstroëm* et de *Fothergille*.

6°. Notice sur la Stramoine en arbre, ou *Datura arborea*, arbre du Pérou, qui se cultive depuis peu en France, et qui plaît tant par ses fleurs gigantesques, que par le parfum qu'elles répandent.

7°. Méthode pour traiter les différentes maladies même les plus rebelles, telles que la phtysie pulmonaire, par l'usage des fumigations humides et végétales; l'asthme même le plus invétéré, par une infusion expérimentée des plantes; les maladies de matrice par les fumigations sèches; l'incontinence d'urine par une tisane astringente; les plaies, ulcères et blessures, par une eau vulnéraire très-simple, sans être compliquée.

8°. Traitement efficace des convulsions et affections vaporeuses, par la décoction et la poudre de feuilles d'oranger ; du scorbut et autres maladies de pareille nature, par les bourgeons de pins, de sapins, l'eau de goudron et le trefle aquatique ; des maladies vénériennes, par différentes espèces de végétaux ; de la rage, par le vinaigre ordinaire ; et de la manie, par le vinaigre distillé ; des hémorragies et des chutes, par l'arnica, l'herbe à Robert, ou le géranium à squinancie ; de l'hydropisie, par une clairette purgative ; de la gale, par la dentelaire ; et des croûtes laiteuses et autres, par la violette-pensée.

9°. Réflexions sur le genre du *Robinier*, sur ses différentes espèces, leurs descriptions génériques et spécifiques ; leur culture, et principalement sur celles du faux Acacia, de l'arbre aux Pois, et du Robinier rose, qui sont les espèces les plus remarquables de ce genre ; tant par la beauté de leurs feuillages, l'éclat de leurs fleurs, que par les avantages qu'on en tire dans l'économie champêtre et les arts et métiers, principalement pour servir de fourrage aux bestiaux, et quelquefois d'alimens à l'homme ; pour en construire des haies, des bâtardeaux ; pour en faire des perches, des échalas, et en obtenir des bois propres pour la charpente de terre et de mer, pour les moulins, pour des meubles, des ouvrages de tour, et spécialement encore pour l'ornement des jardins, pour la formation des bois, et pour fertiliser les terres sablonneuses, sèches et arides. Il est même démontré qu'un arpent planté, surtout avec l'Acacia des jardiniers, peut rapporter 200 livres et plus, par an, de profit à son maître ; seconde édition, revue, corrigée et augmentée.

10. C'est l'ouvrage dont il s'agit ici.